人生に勝つための方程式

逆境や苦難をプラスに転じる秘訣

大川隆法
Ryuho Okawa

まえがき

不思議なもので、若い頃には自分の欠点だと思っていたところが、世間の波にもまれていくうちに、味わいのある長所に変わっていくことがある。

私なども子供の時代は、やんちゃで、どちらかというと多動性の傾向があったと思うが、読書の習慣が本物になってくると沈思黙考《ちんしもっこう》するようになっていった。そしてプロダクティビティの高い人間というか、仕事で多産型の成果をあげるタイプに変わっていった。もともとは、他人《ひと》に対してもかなり厳しい性格だったが、寛容さや温厚《おんこう》さ、持ちこたえる力が強くなっていった。個人を責めるのではなく社会正義を考えるようになり、個人としての自己実現から、組織の成果を喜ぶ方向へとマインド・シフトも起きた。

「人生に勝つ」とは結局「人間として成長する」ということだ。具体的なケースに合わせて、宗教的方程式を本書で考えてみた次第《しだい》である。

二〇一五年　四月十四日

幸福《こうふく》の科学《かがく》グループ創始者兼総裁《そうししゃけんそうさい》　大川隆法《おおかわりゅうほう》

CONTENTS

目次

人生に勝つための方程式

――逆境や苦難をプラスに転じる秘訣《ひけつ》――

二〇一四年六月二十四日　説法《せっぽう》
東京都・幸福の科学　教祖殿《きょうそでん》　大悟館《たいごかん》にて

Q6

家庭を持つ女性にとっての「人生の勝利」とは　126

人生に勝つための方程式

逆境や苦難をプラスに転じる秘訣《ひけつ》

序論　「人生に勝つための方程式」はあるのか

「人生に勝つための方程式」と題してみたのですが、これは宗教の普《ふ》遍《へん》的なテーマでもあろうかと思います。

ただ、二十一世紀になったと思ったら、もう十四年も過ぎており、時代がどんどん変わっていくので、「悩《なや》み」の個別具体的なものは少しずつ変化しているのではないでしょうか。

本質的なところは、そう大きく変わらないのかもしれませんが、具体的なケース、誰《だれ》もがぶつかる〝壁《かべ》〟のようなものは、変化しているのではないかと思います。

あるいは、変化していなくても、世代が違《ちが》うと知らないものもありま
す。親の代にとっては、私の法話《ほうわ》を聴《き》いたりして知っていることであっ
ても、新しい世代の人たちにとっては、未知な経験に見えるものもある
でしょう。

生きていく上でぶち当たる「壁」や「困難」、「挫折《ざせつ》」、その他、マイ
ナスに感じるさまざまな事柄《ことがら》を、プラスに転じていくための方法が、は
たしてあるでしょうか。

それを定式化するのは、それほど簡単なことではないと思いますが、
ある程度、複数、似たようなケース等を見ていけば、「こういう場合に
は、このように考えたり、このように判断したりしたほうがベターであ

って、より成功率が高い」というようなことを考えることはできるのではないかと思います。

それは、大げさに言えば、「戦略・戦術」ということになりますが、簡単に言えば、「コツ」ということでもあるかもしれません。

そうしたことを、やや大上段《だいじょうだん》に構えた言い方ではありますが、「人生に勝つための方程式」と題し、語ってみようと思っています。

私の狙《ねら》いは、「個別な問題に対する考えを述べながら、そのなかから、戦うための一定のヒントや考え方、抽象《ちゅうしょう》的な方針のようなものを、何か抽出できればよい」というところにあります。数学の問題とは違いますが、そのようなことを考えているのです。

一個一個の問題に答えていきながら、全体的に見れば、人生に勝つためのいろいろな戦い方を、総合的に出せればありがたいと思います。

第一部

人生の「見取り図」と「勝ち筋《すじ》」を知る

Q1 どうなれば「人生に勝利した」と言えるのか

一般的《いっぱん》には、出世できたとか、収入を上げることができたとか、何かに合格することができたとか、そのようなことを「人生に勝つ」と考える向きもあるのではないかと思いますが、「人生に勝つ」ということを、どのように捉《とら》えたらよいのでしょうか。

あるいは、「人生に勝利している」と言えるためには、どうあるべきなのでしょうか。それを判定するポイント、もしくは、「ここを押《お》さえれば人生には負けていない」と考えてもよいポイントについて、教えていただきたいと思います。

「人生の勝敗」は、人生が終わったあとに必ず判定される

　やや総論的なご質問かと思います。

　それぞれの人に男女の性別も含《ふく》めて生き方がありますし、年齢《ねんれい》相応の受け止め方もあろうかと思うのですが、「勝つ」ということの意味も年齢相応に違《ちが》ってくるでしょう。二十歳前後《はたち》、三十歳《さい》前後、四十歳、五十歳、六十歳、晩年では、それぞれ、「勝つ」ということの意味は違ってくるだろうと思うのです。

　総じて言うと、「人生の勝敗」の問題は、個々別々の部分で成り立っていると思います。「いろいろなケースにおいて、どうであったか」と

いうことを総合して、人生は出来上がってくるものなので、それを「採点」のようなかたちで評価するのは、現実には、それほど簡単なことではありません。

ただ、宗教における、「この世とあの世を貫《つらぬ》く」ものの考え方を見ればどうかと言うと、個々バラバラの要素から成り立っている「人生の勝敗」の問題が、あの世に移行したときには、なぜか総合的に評価され、何点刻《きざ》みかは知りませんが、一定の点数の幅《はば》で〝ゾーン〟が決められていくらしいことが分かっているのです。

地獄《じごく》も、地獄の「最深部」、「なかほど」、「浅いところ」などに分かれていますし、死後もまだ地上界から離《はな》れられない人もいます。

天上界《てんじょうかい》も何層にも分かれており、下のほうから順番に言うと、まず、まだこの世に近いあたりである「精霊界《せいれいかい》」があります。次に、ちょっとした善人というか、善悪をしっかりと知り、善人といえるような人たちのいる「善人界」があります。

その上には、もう一段、精神性の高い人たちの世界（光明界《こうみょう》）があり、そのさらに上には、神仏《しんぶつ》の手足となって働いているような方々の世界、すなわち、天使や菩薩《ぼさつ》、如来《にょらい》たちの世界（菩薩界・如来界）などがあります。

このように、あの世の世界は何層にも分かれています。これは、いろいろな調査の結果、明らかなのです。

そういう一定の層がある以上、例えば、十点刻みなら十点刻みで、おそらく点数の差があり、「このくらいの点数の人は、この層には還《かえ》れる」

ということがあると思うのです。

霊界の次元構造について

幸福の科学の霊査《れいさ》によると、地球の霊界は四次元から九次元までの各次元に分かれており、この世（三次元）での生き方によって、死後に赴《おもむ》く世界が変わる。各次元の特徴は、以下のとおりである。

四次元（精霊界《せいれいかい》）……この世に最も近く、すべての人間が死後にまず赴く世界。地獄《じごく》界は、この四次元の下部のごく一部分に相当する。

五次元（善人界）……その名のとおり、善《よ》き心を持つ人々の世界。

六次元（光明《こうみょう》界）……神近き人々や、各界の専門家・リーダーが住む世界。

七次元（菩薩《ぼさつ》界）……愛と奉仕の精神で、人助けを中心に生きている光の天使・菩薩の世界。

八次元（如来《にょらい》界）……時代の中心人物となって、人類の歴史をつくってきた偉人の世界。

九次元（宇宙界）……新しい文明の源流となる救世主の世界。

「人生の総合点」を出す方程式は必ずある

「人生の総合点」が出るに当たっては、「誰《だれ》も同じ」ということはなく、その総合点が出るのに、やはり、「それぞれの個別具体的な人生体験のなかで、どのように生きてきたのか」ということが問われると思います。

減点は当然あるでしょうから、「百点満点の人生」というものはないだろうと思いますが、「零《れい》点」というものも、それほどないだろうと思います。

ただ、「マイナス点」というものも当然出るでしょう。

その人の生きたなかでの「失敗」があまりにも大きすぎた場合、要するに、自分自身で責任を取れる範囲《はんい》を超《こ》えて、多くの人たちに迷惑《めいわく》をかけたり、会社や社会、国などに大きなダメージを与《あた》えたりして、他の人の不幸を増大する方向で生きてしまった場合には、百点満点の範囲を超え、「マイナス点」が出てくることもあると考えています。

そういう意味で、非常に複雑なものではありますが、おそらく、その点数を出す方程式は必ずあるはずです。

それに接近していこうとして、いろいろと研究しているわけですが、「今、あなたは何点です。持ち点は何点で、残り時間が幾《いく》らで、あと何点を上乗《うわの》せすれば、こうなります」と、そこまで明確に言うことは、なかなか難しいことかと思っています。

「人生に勝利した」と言える「生き方」とは

ただ言えることは、全体的に見て「人生に勝利した」と言えるためには、次のようなことが大事だということです。

まず、「明確か明確でないか」は別として、心情的には、ある程度、はっきりと「信仰《しんこう》」を持って生きることができ、親から頂いた才能や気質等を十分に使って世の中に寄与《きよ》し、少しでも人々の役に立つような仕事なり、生き方なりができなくてはなりません。

しかも、自分でも、ある程度、納得《なっとく》がいく人生であることが必要です。

「自分が持っている〝人生の七つ道具〟を使って、ある程度の〝作品〟

ができたかな。人生そのものを『ライフワーク』として見たら、あの世に還《かえ》ったとき、自分の持っている〝大工道具《だいく》〟からして、これだけの人生を何十年かでつくれたことには、納得がいき、満足かな。今回、生まれてきて、よかったかな。意義があったかな」と思えることが大事なのです。

死ぬときに、「生まれてこないほうがよかった」という気持ちではなく、「生まれてきてよかった」という気持ちが残っているようなら、だいたい「勝利した」と言えるのではないでしょうか。

ただ、「何点を取って、どの世界まで行けるか」ということについては、個別の案件に関し、裁判官が量刑判定《りょうけい》でもするかのように決めなければいけない面があるかもしれません。

しかし、その〝面倒《めんどう》くさい作業〟は、世界に何十億人という人が住んでいるにもかかわらず、あの世でなされているらしいことは確かです。

人生に勝つポイント

□ 人生は、死んだあとに必ず「採点」され、その勝敗によって、あの世の行き先が決められる。

□ 「人生に勝利した」と言えるには、次の四点が大事。
① 信仰《しんこう》を持って生きることができ、
② 自分の「才能」や「気質」を十分に使い、
③ 人々の役に立つ生き方をし、
④ 「今回、生まれてきてよかった」と思えること。

「あの世の視点を含めた人生の勝利」についての参考書籍
『希望の法』『常勝の法』『成功の法』（いずれも幸福の科学出版刊）

Q2 人生における「年齢《ねんれい》相応の勝ち方」とは

「年齢《ねんれい》相応の勝ち方」をし、人生において勝ち続ける方法について お訊《き》きします。学生や青年層、中堅《ちゅうけん》層、高年齢層などの各年代に応じて、何を変えていったら、勝ち続けることができるのでしょうか。

四十歳《さい》は、野球で言えば「七回」まで来ている

「人生八十年」と見れば、四十歳《さい》ぐらいが中盤《ちゅうばん》になってくるわけですが、確かに、その前と後《あと》とでは、かなり違《ちが》ってくるでしょう。

人生の折り返し点前の人は、どちらかといえば、とにかく、自分を形成していくというか、自分の能力を磨《みが》き、成果、アチーブメント（業績）を出し、周りから認めてもらい、自分なりに自己発揮ができて、何らかの達成感のあるほうが、成功感は高かろうと思います。

ただ、人生の後半、すなわち、四十歳以降、八十歳や九十歳までの期間になると、「四十歳ぐらいまでの人生の経験を肥《こ》やしにしながら、さ

らに何を生んでいけるか」が問題になってきます。

自分自身のアチーブメントが足りず、才能の足りざるを嘆《なげ》いたりするようなことも、いろいろあろうかと思います。

「努力したけれども、出世しなかった」とか、「会社のためを思って、一生懸命《いっしょうけんめい》戦ったけれども、理解してもらえず、味方もいなくて敗れ去った」とか、「他の人の代わりに犠牲《ぎせい》になり、その責任を取らされた」とか、いろいろなことがあって、この世では、成功したように見えなかった人生もあるでしょう。

そのように、だいたい四十歳ぐらいまでに、ある程度の〝外見《がいけん》〟は出てくると思います。四十歳ぐらいまでを見れば、ある程度、「成功者の部類」に分類されるか、そうでないかが見えてくるところはあるのです。

その時点では、まだ人生は終わっていませんし、これからの後半戦での逆転は、当然、可能ですが、野球で言えば、「七回」ぐらいまでは来ているような状態に、やや近いのかもしれません。だいたい、「勝ちそうか、負けそうか」の流れは見えているわけです。

ただ、前半戦でのマイナスや痛手《いたで》、失敗と思えるような経験を、後半戦で何か「実り」に変えていき、身についてきたならば、これが、自分自身を大きくしたり、他の人々を助けたり、導いたりするものに変化していく余地は大きいだろうと思うのです。

大きく言えば、そういうことです。

もちろん、四十歳までに、この世的に見て、一般《いっぱん》的な出世コースなどに乗り、社会的に認められ、収入や地位などが上がっていき、四十歳を過ぎてもそれが止まらず、まだまだ伸《の》び続けていく人もいるだろうと思います。
ただ、これには根性《こんじょう》が要《い》るでしょう。

四十歳以降は、「勝ち方」が変わってくる

一般に、四十歳ぐらいまでの成功は、だいたい、学生期あたりまでの努力の延長上にあることが多いものです。

学生期だけではなく、もう少し大きく言って、三十歳ぐらいまで入れてもよいかもしれませんが、学業や運動など、だいたい、結婚《けっこん》するときあたりまでの努力や経験等によって、四十歳ぐらいまでの成功はかなり

成り立っていると思います。

ただ、四十歳以降になると、今度は、一般的に「管理職年齢《ねんれい》」といわれる年齢に入ってきて、日本の社会であれば、課長職以上に上がってくる年齢になります。

これから先になると、「自分一人の仕事で勝ち続ける」というスタイルの人の場合には、ある意味では、「個人でやれる仕事しかやっていない」ということになります。

個人であっても成功を大きくしていけるようなタイプの仕事も、あることはありますが、九十パーセントぐらいの人たちにとっては、やはり、ほかの人と一緒《いっしょ》に仕事をしながら成功していくパターンが多いのです。

したがって、四十歳以降は、「自分一人で仕事をするのではなく、チームとして、あるいは部下や上司との関係のなかで仕事をし、会社なら会社、組織なら組織に対しての貢献《こうけん》度を高め、全員の幸福度を高めていけるような智慧《ちえ》を編《あ》み出していけるかどうか」ということが鍵《かぎ》になります。

それは、「前半生から得た、いろいろなヒントや智慧を、あとから続く者を導くために、いかに使いうるか」ということでしょうし、参謀《さんぼう》的に言えば、「自分より上位にある、地位が高い者に対して、どれほど〝助《すけ》っ人《と》〟として役に立つか」ということでもあろうと思います。それには「一定の経験」がなければ無理な部分があると思うのです。

若いうちは、才能があって、人から、「なかなか、できるなあ。すごいなあ」と言われるようなかたちで構わないと思うのですが、それから先は違ってきます。

若いときには、いろいろと悩《なや》んだり、スランプがあったり、劣等感《れっとうかん》で苦しんだりして、選手としては一流ではなかったけれども、その分、人生の辛酸《しんさん》を嘗《な》め、多くの人たちの気持ちが分かるようになった人には、〝名監督《かんとく》〟になっていくような面があったりします。

「管理職年齢」以降の成功においては、一般に、若いころの成功とは違ってくるところが大きいのです。

「経験」を「智慧《ちえ》」に変え、人を感化できるか

例えば、楽器の「演奏者」として、それぞれのパートの演奏はできな

くても、「指揮者」として、トータルでよい演奏をつくっていくようなやり方はできるわけです。

また、個別の教科を教えることは下手《へた》であっても、クラス全体の「モチベーション」を高め、クラス全体の「平均点」を上げ、勉強がよくできる子供たちを毎年つくっていくような、〝いい先生になる〟ことは、可能性としてはあります。

あるいは、数学の研究者としては二流だったかもしれなくても、生徒を教えて自信をつけさせ、名門校や一流校に送り込《こ》んでいくことができるようになってくれれば、その人は、おそらく、別のスキルを身につけたことになります。

他人《ひと》の分からないところや、つまずくところはどこかが分かり、それを解くコツを教えて「人を伸ばす能力」を磨くことは、「自分自身ができる」ということとはまた別の話です。

こういうことは予備校の先生にはよくあります。予備校の先生には、一流決して、この世的に頭がよすぎて、問題を読んだらスーッと解り、一流大学に難なく入れた人ばかりが集まっているわけではありません。

実際には、一浪《ろう》や二浪、三浪などを経験し、そのなかで、ある教科に関し、自分なりに一つの「勝利の方程式」、「このようにすれば勝てる」というものをつかみ取ったような人が、その科目で人気のある講師になったりしています。

例えば、「社会の暗記は、どうしてもできない」と言う人に、ノートやカードのつくり方、図表の書き方や色の分け方などについて、「こういうやり方をすればよい」と教え、相手が受かるようにする人もいます。

あるいは、自分が若いときには、なかなか英語の点数が上がらなかったとしても、「ここまで押《お》さえておけば、絶対に受かる。ここは要らない部分だが、ここはやっておかなければいけない部分だ」という見切りができるような人になれば、ほかの人を、自分よりもはるかに短い期間の努力で受かっていく方向に導くことができるようになります。

こうした「智慧《ちえ》」の部分が生まれてこなくてはいけないのが、だいたい「後半生」であろうと思うのです。

前半生で失敗を重ねても、後半生での「逆転」はできる

人生の前半においては、才能的に恵《めぐ》まれていたり、環境《かんきょう》的に恵まれていたりする人が、比較《ひかく》的有利なようにも見えますが、後半ということになってくると、どちらにもチャンスはあると思います。

自分の成功体験をもとにして、さらに大きな成功を目指し、世の中から認められ、自分でも納得《なっとく》のできる人生を生きる人もいますが、前半生のうちは、不器用で、いろいろな失敗を重ねてきたものの、そこから「教訓」なり「智慧」なりを抽出《ちゅうしゅつ》し、それを他人に教えたりする力に変えていける能力を身につけたら、それなりに、また別の意味での成功が

ありうると思います。

「自分自身の成功」という〝赤ちゃん〟を産むことができる能力だけではなく、ソクラテスの言う〝産婆術《さんばじゅつ》〟風に、他人の「無知」を「知」に変える力を持つことができれば、十分な実績を残せなかった前半生の部分が、よいものになってくるでしょう。

話が古くなるとは思いますが、今のサッカー日本代表の監督（注。説《せっ》法《ぽう》当時の監督だったザッケローニ氏を指す。同氏はこの説法の二日後〔二〇一四年六月二十六日〕に監督退任を表明した）も、「選手としては駄目《だめ》だった」というか、「一流の選手までは行けなかった方」と聞いています。

ただ、一流の選手にはなれなかった分、おそらく、人を見る目など、いろいろなものは磨かれたのではないでしょうか。
「そういうことは、よくあることだ」と私は思っています。

人生に勝つポイント

□ 四十歳《さい》までの成功は、自分の能力を磨《みが》き、周りから認められ、達成感を味わえること。

□ 四十歳という年齢《ねんれい》は、野球で言えば「七回」ぐらいまで来て、「勝ちそうか、負けそうか」の流れは見えている。

□ 四十歳以降は、自分一人で仕事をするのではなく、チーム全体の幸福度を高めていくことが鍵《かぎ》になる。

□ 前半生で失敗を重ねても、そこから「教訓」や「智慧《ちえ》」を得て、他人のために活かすことで、後半生で成功することもできる。

「各年代での勝利・成功」についての参考書籍
『ストロング・マインド』『忍耐の法』『生涯現役人生』（いずれも幸福の科学出版刊）

Q3 人生のこれからの「勝ち筋《すじ》」をどう見抜《みぬ》くか

人生に勝つためには、自分の人生における「勝ち筋《すじ》」を見抜《みぬ》くことが大事だと思いますが、「勝ち筋」というものは、どのようにしたら見抜けるのでしょうか。

また、自分の今の人生や、世間《せけん》で起きている事態を、どのように情報分析《ぶんせき》し、未来を見通していけばよいのでしょうか。

自分の「才能」を早めに見抜《みぬ》く方法とは

比較《ひかく》的若い人向けの話になるかもしれないと思うのですが、やはり、人間には自分の得意・不得意があるので、不得意の領域で戦っても、そう大きな勝利は得られないところがあると思います。やはり、「好きこそものの上手《じょうず》なれ」というところはあるのです。

若い人であれば、自分が比較的関心を持てる「好きなこと」のなかに、才能があることが多いので、まずは、自分が関心を持つことができて、時間がたつのを忘れるときもあるようなもののなかで、「生き筋」を見つけ、自分なりの「技《わざ》」に当たるものを身につけることが大事でしょう。

そして、その領域で頭一つ他人《ひと》から抜《ぬ》きん出ることが大事だと思うのです。

例えば、サッカーのボールを蹴《け》るのが上手な人もいます。

外国のサッカー選手の映像を観《み》ていたら、もう十歳《さい》のころから球《たま》を蹴るのが上手で、酒場で人々がお酒を立ち飲みしているところを、球を蹴りながら駆《か》け抜けていくことができるわけです。

こういうことができる人もいるかもしれませんが、一般《いっぱん》の人にはできません。一般には、球を一《ひと》蹴りしたら誰《だれ》かに当たりますが、人に当てずに、人と人の間をジグザグに抜いていけるような才能を、十歳ぐらいから持っている人もいるのです。

そういう才能のある人は、「サッカーの選手になるかどうか」は別として、それを活《い》かせるような道を選ぶべきでしょう。

サッカーの選手にならず、陸上競技の選手になったり、野球の選手になったり、バスケットボールの選手になったりするような変化は起きるかもしれませんが、身体能力の高さが顕著《けんちょ》に出てきている場合には、そういう「生き筋」があります。

また、頭がよすぎて、球を蹴っているだけでは十分ではなく、「体育系か医学系で、人間の身体について研究する、スポーツ科学のようなものをやってみたい」という人もいるかもしれません。

いずれにしても、自分の才能のなかから、得意領域のなかから、「生き筋」を早めに見つけることが大事でしょう。

一つの職業のなかで成功していくためには

逆に、あまり向いていない仕事もあります。

私は、お酒を飲むと、それがすぐ顔に出て、全身が真っ赤《まか》になっていきます。これは、アルコールに強い遺伝子を持っていないからでしょう。

顔に出ない人と出る人とがいるのですが、顔に出やすいタイプの人は、アルコールに強い遺伝子をあまり持っていないと思うので、ワインのソムリエなどになるのは、あまり向いていないだろうと思います。

判定する前に、自分が〝グデングデン〟に酔《よ》ってきて、だんだん仕事にならなくなってきます。これは「向いていない」と見たほうがよいと思います。一方、何杯《ばい》飲んでも酔わず、違《ちが》いを飲み分けられる理性が残っているなら、向いていると思います。そういう「適性」は、やはり、ある程度あるでしょう。

このように、まずは「強み」のなかで自分の「技」を磨《みが》き、いちおう何らかの「職業」に結びつくところまで持っていけたら、大したものであり、「第一の勝利」だと思います。

それから先は、同じような職業に就《つ》いている人たち、同業者の群れのなかに入るので、そのなかで一頭地《いっとうち》を抜かなければいけなくなります。そのためには、「関連する知識の勉強」をしなくてはなりません。家に帰ってからの勉強など、日ごろの努力や精進《しょうじん》が大事になるでしょう。

これが、一つの職業における成功の方法です。これは「努力」と「継《けい》続《ぞく》」、「忍耐《にんたい》」の問題かと思います。

「専門職」の人が「経営者」になるために必要なこと

さらに、自分がやる仕事において、「専門職としての成功」だけではなく、「もう少しゼネラルで可能性を秘《ひ》めた成功」を目指す人、何かで一つ職業の道を拓《ひら》いたけれども、もう少し幅《はば》の広い成功をしたいと考えている人もいるでしょう。

例えば、技術者として会社に入ったけれども、「将来は経営者になりたい。社長や重役になりたい」と思う人だと、技術の勉強をしているだけでは足りなくなります。

まずは、その技術で一流になるように努力し、ほかの人より一頭地を抜くことが必要ですが、それだけではなく、ほかの人がサボっている間、怠《なま》けている間に、経営、経済や政治、国際問題など、技術者が普通《ふつう》は勉強しないようなものについても、少しずつ勉強していかなくてはなりません。

あるいは、語学が苦手《にがて》なら、英語なども少しずつ勉強していったりする「間接的な努力」が必要になるでしょう。

「今すぐには要《い》らないけれども、将来、人の上に立ち、人を使うようになった場合には、必要になるかもしれない」という力をつけるためには、やはり、五年、十年、二十年という間、間接的な努力を続けていく必要があるだろうと思うのです。

「欠点」や「短所」のなかに「隠《かく》れた才能」がある場合もある

それから、「長所」というか、「強み」をはっきりと持っているのだけれども、誰が見ても明らかに分かる「短所」というか、「欠点」のある人がいます。

これには、もはや救いがたいというか、もう、どうしようもない場合もあります。「いまさら改善しようとしたところで、完全に時間の無駄《むだ》である」と思うほど、ひどい「欠点」というか、「才能の欠如《けつじょ》」がある場合には、やっても時間の無駄なので、できるだけ「長所」の部分を伸《の》ばしてカバーしていくしかないと思います。

ただ、それほどひどくはないというか、普通の人に比べ、やや劣《おと》るか、少し後《おく》れているだけであれば別です。長所として戦えるほどではないけれども、少し後れているというぐらいのものであれば、努力の余地があるのです。

例えば、学校の勉強で、平均まで行かなかったようなものであっても、学校を卒業したあとも少しずつ努力を積み重ねていくと、いつの間にか、ある程度のところまで行《い》っていることはあります。

「よい学校に行けなかった」とか、「学校の勉強で、よい成績を取れなかった」とかいう気持ちが残っていて、「自分は頭が悪いのだ」と思っている人もいるでしょう。

しかし、現代社会というか、先進国の社会においては、「社会人になってからも再チャレンジが可能なシステム」ができていることは非常に多いので、足りないところを、社会人になってから勉強し直すチャンスは、いろいろなかたちであります。

もちろん、個人で勉強することもできれば、通信制のものや社会人大学のようなものもありますし、途中《とちゅう》から留学したりする場合もあって、いろいろあるのです。

かつては苦手で、「平均以下かな」と思っていたものであっても、鍛《きた》えていけば、平均や平均以上になって、やがて自分の長所に追いついてくるようなことも、ないわけではありません。

ただ、あまりにも無駄すぎる場合には、やめたほうがよいでしょう。

「二キロほど歩いたら、もう足が痛い」というぐらいの人が、フルマラソンに毎年出るのを目標にすることには、やや無駄な面もあるかもしれないので、やはり、自分なりの強みを活かせるほうがよいかもしれません。

そのように、「発心《ほっしん》する」というか、「これを何とか克服《こくふく》したい」という気持ちが出てくるようであれば、そこには「隠《かく》れた才能」がある場合もあるので、〝戦うべき〟だと思います。

自分が苦手とするところを、他人から指摘《してき》される場合もありますし、指摘されなくても自分で知っている場合もありますが、いずれ、その部分が明らかに必要となるのであれば、あくまでも「本筋」のところは落とさないようにしながら、それにも取り組まなくてはいけません。

日常業務のなかで「弱点」を克服《こくふく》する

先ほど、「技術系の専門職で入り、『将来、経営者になりたい』という気持ちのある人は、専門以外の勉強もしなくてはいけない」と言いましたが、逆に、理科系中心のメーカーなどの大会社に入る事務系の人もいるでしょう。

事務系の人は、法律や経済、経営などの勉強をして入っているかもしれませんが、逆に、メカに弱いなど、技術系の勉強が足りていないことがあります。

例えば、ソニーやトヨタなどへ入ったとすれば、いくら何でも、電化製品や車についてまったく知らないのでは、営業をやろうが、経営をやろうが、やはり駄目《だめ》でしょう。

「新車を発売するときに、性能の違いが分からず、会議をしても、話の内容が意味不明」ということであっては、文系の経営学を学んだからといって、経営できるものではありません。

したがって、事務系で入ったとしても、技術系の勉強を少しずつ続けていかなくてはならないのです。

もちろん、技術系で入った人に比べれば、スタート点では落ちるでしょうし、自分でも、おそらく苦手意識を持っているだろうと思いますが、あえてそういう会社に入ったのであれば、技術系の知識の部分は、何年か続けて勉強していくうちに、少しずつ増えてくるでしょう。

また、個人で勉強しなくても、会社のなかに、勉強のチャンスはたくさんあるはずです。書類、先輩《せんぱい》などとの会話、工場見学、工場の人との連絡《れんらく》など、いろいろな日常業務のなかで、自分に足りないところを補《おぎな》っていく努力をすることは、可能だろうと思うのです。

「自分にない能力」を持つ人を協力者につける

そういう意味で、まずは「強み」で道を拓くべきですが、その次に、できれば、「平均より少し劣るかな」と思うところであっても、将来、必要になる可能性があるところについては、努力をしていったほうがよいのです。二十代から三十代ぐらいの人には、これを言っておきたいと思います。

ただ、「あまりにもあっさりと欠けている能力」というものも、あるかもしれません。その場合、もし偉《えら》くなりたいのであれば、その才能を持った人とチームを組めるような、「協調性のある性格」をつくらなくてはなりません。人付き合いをよくし、いざというときには、そういう人たちに助けてもらえるような関係を築くことが大事かと思います。

同じような人ばかりが集まるのではなく、「違った考えの人」とも交流できるようにすることが大事です。

「社長にとって重要な能力は五つ以上ある」と言われていますが、一般的には、「そのうちの一つか二つ、三つぐらいまでしか発揮できず、残りの部分については、自分では発揮できない」と言われています。

そのため、ほかの部分についてては補完し合わなければいけなくなるので、自分にない能力の持ち主に嫉妬《しっと》するのではなく、そういう人を評価し、自分への協力者にしていくだけの、「智慧《ちえ》」と「人徳《じんとく》」が必要なのではないでしょうか。

そういう心掛《こころが》けを持っていれば、道は拓けてくるのではないかと思います。

人生に勝つポイント

- □ 才能は、自分が好きなことのなかにあることが多い。
- □ 自分の得意分野のなかから、早めに「生き筋《すじ》」を見つけることが大事。
- □ 「強み」のなかで自分の「技」を磨《みが》き、職業に結びつけることができたら、「第一の勝利」。
- □ 一つの職業のなかで成功するには、「関連する知識の勉強を継続し、同業者のなかで一頭地《いっとうち》を抜《ぬ》く」こと。
- □ 「短所」であっても、鍛《きた》えていけば「隠《かく》れた才能」がある場合もある。
- □ 自分にない能力の持ち主を評価し、協力者にしていくことで、さらなる成功の道が拓《ひら》ける。

「長所・生き筋の見抜き方」についての参考書籍
『感化力』『未来の法』（共に幸福の科学出版刊）

第二部

どんな環境からも「勝利」をつかむための考え方

Q4 「失敗の恐怖《きょうふ》」を乗り越《こ》えるためのアドバイス

初めは「人生に勝とう」と思って頑張《がんば》っていても、どうしても失敗が続き、逆に「負け癖《ぐせ》」がついてしまった場合には、「次もまた失敗してしまうのではないか」という思いに駆《か》られ、案《あん》の定《じょう》、失敗してしまうこともあると思います。

こうした「精神的逆境」の乗り越《こ》え方について、アドバイスを頂けたらと思います。

発明や営業では、成功の確率は「千に三つ」と考える

そういう人は、現代人にはわりあい多いのではないでしょうか。

特に、学校教育においては、「減点主義」で評価されていることも多いので、そうした競争に勝った人々は、減点主義で前例主義、慣例主義型の職場を目指し、なるべく失敗しないように生きていける職業を探すことが多いと思います。

しかし、発明家などであれば、失敗を経験することは、避《さ》けて通れない道なので、失敗を恐《おそ》れていてはいけないわけです。

減点主義で発明に取り組み、「失敗したら終わり」ということだと、

何もできなくなります。千件ぐらいやって、そのうちの一つか二つ、あるいは三つ、何か「勝ち筋《すじ》」が見つかればよいぐらいのものなのです。発明もそうですが、不動産取引でもそう言われています。不動産屋さんは「千三《せんみつ》」とよく言っていますが、これは、「千回ぐらい売ろうとして、三つぐらいしか決まらない」ということです。

自動車だろうと何だろうと、セールスにおいては、おそらく、それと同じぐらいの難しさはあるかもしれません。

そういう意味では、営業系統で、「一度も断られない営業マン」というものはありえません。

失敗してはいけないのであれば、営業をしないほうがよいのです。営業をしなければ失敗はないからです。そういう人は、バックアップ部門のほうに回っていくしかありません。

管理部門で、図表をつくったり数字をいじったりして、できるだけ表《おもて》に出ない、人と会わないセクションにいれば、そういう失敗はありませんが、「人と会って断られたら、傷ついて仕事ができない」と言うのなら、営業には出られません。

営業部門であろうと、開発研究部門であろうと、新規企画《きかく》部門であろうと、生み出す付加価値の高いところほど、やはりリスクは大きいのです。

「精神的タフさ」を身につけるには

そういうところで勝ち抜《ぬ》いている人はどうであるかというと、だいたい、軒並《のきな》み、「精神的にタフだ」と言えると思います。

この「精神的にタフである」ということは、生まれつきかどうかというと、一概《いちがい》には言えないところがあります。

ほかの人を〝定義〟するのは簡単なので、「あの人は全然傷つかない人だね」とか、「タフだなあ」とか、「いつも陽気で、いいですね」とか言うことがあるでしょうが、「本当にそうであるかどうか」ということは、それほど簡単には分からないのです。むしろ、そのように見せている場合もよくあります。

心理学の勉強をしたら分かりますが、「うれしいから、笑う」のではなく、「笑うから、うれしい」ように見えることもありますし、「悲しいから、泣く」のではなく、「泣いているから、悲しい」と周りは判断するようになるのです。

ダメージを受けているように振《ふ》るまっていれば、「ダメージを受けたのだ」と他人《ひと》は判定しますが、ダメージを受けているように見えないかたちで動いていれば、「ダメージを受けていない」ように見えるわけです。

営業で断られ、「自分は断られ続けているのだ」と思い、いつもそればかりを反芻《はんすう》し、刷《す》り込《こ》んでいる人の場合には、次のところに、「また、ここでも断られるのではないか」と思って行ったら、案の定、断られることがよくあります。

やはり、心を入れ替《か》え、失敗経験のところについてはシャットアウトし、シャッターを下ろして、「次は、新しい人と会うのだ」という気持ちを持たなくてはなりません。「繰《く》り返し繰り返し立ち上がる力」を持っている人は偉《えら》いのです。

自分の「成功の平均値」を知れば、心が安定する

長い目で見たら、営業でも開発でも、「成功の平均値」のようなものがあり、五年、十年と経験していたら、それが分かります。だいたい、

どの程度、営業で成功するかとか、開発で成功するかとか、そういう実力はやはりあるので、野球の打率と同じで、ある程度、平均値が出てくるのです。

その平均値を早く知ることが大事です。

「自分は、このくらい営業をしたら、だいたい、このくらいは〝ヒット〟を打てる」という平均値があります。月による上がり下がりは多少あるかもしれませんが、「年間では、だいたい、このくらいまでは行けるだろう」という平均値があるので、それを知っていれば、「心の安定」が得られるのではないかと思うのです。

「成功の平均値」を上げていく方法

その平均値、アベレージを上げていくためには、やはり、努力は要《い》るでしょう。

「その努力とは何ぞや」と言うと、一つには、「同業のなかで自分よりも、もっともっと活躍《かつやく》している人のやり方を研究する」ということです。

日本では少ないと思いますが、アメリカなどの外国には、社長と同じぐらいの給料をもらっている営業マンもいます。

よく売る人は、それだけお客さんをつかんでいるので、社長と同じぐらいの給料を出さないと、結局、お客を連れて、よそに行ってしまうことがあります。よその会社に転職するなり、独立するなりされてしまうため、そうならないよう、給料が高くなるのです。

もう三十年以上も前になりますが、私が商社勤めでアメリカにいたとき、アメリカ本社の社長の給料は十五万ドルぐらいだったと思います。当時は一九八〇年代前半なので、一ドルが二百五十円ぐらいの時代であり、十五万ドルといったら三千七百五十万円ぐらいなので、四千万円前後の給料をもらっていたことになると思います。

一方、役職に就《つ》いているわけではないのですが、営業職でトップ営業をしていた外国人は、社長と同じ十五万ドルぐらいの給料を取っていました。そのくらい出さないと、すぐ「辞《や》める」と言うので、やはり出さざるをえないのです。

日本人の場合には楽で、幾《いく》ら売ろうと給料にはあまり関係なく、ボーナスが数千円か一万円ぐらい上がったり、給料が二百円上がったりするぐらいであり（笑）、この程度でごまかせます。

「ものすごく頑張ったなあ」となったら、五十円上がったとか、こんなものです。「将来、もっと上がることもある」という気分だけはあるのですが、百円とか三百円とか、ほんの少ししか差がつきません。

あまり差がついていると、激しく嫉妬《しっと》され、仲間外《はず》れにされるのです。

かつては、入って一年目ぐらいからすぐに変わり、百円違《ちが》ったり二百円違ったりしたことがあるのですが、やがて、だいたい、四、五年ぐらいはあまり変えず、同じぐらいにしておくようになりました。あまり勝ち負けがはっきりすると、やる気をなくすので、最初の何年間かは変えないようにしていく方向に、だんだん流れは向かいました。

ただ、外国人の場合には、そのように成果相応のものをもらっていました。「辞められたら困る人」になると、基本的には給料が上がっていくわけです。

しかし、そういう人たちは、おそらく、「成功の秘密」をストレートには教えてくれないでしょうし、得意先の名簿《めいぼ》をそのまままくれたりするわけではないと思います。したがって、話をしたり、付き合ったり、観察したりしているうちに、「どこがうまいのか」というところをよく見ていくことが大事だと思います。

「逆境に強いメンタリティー」をつくる方法

それこそ、先ほど言ったように、自分も周りも落ち込んでいるようなときに、それを気にせず、平然と、いつもどおりに仕事に取り組むだけでも、かなり「不動心《ふどうしん》」や「平常心《へいじょうしん》」のある人だと言えます。

誰《だれ》もが落ち込んでいるときに、「ピンチを救ってくれるようなタイプ」になれば、周りからの信頼《しんらい》がグーッと上がっていきます。

部全体で失敗しているときもあるでしょうし、会社全体が落ち込んでいるときもあろうと思いますが、そういうときに必ずヒットを打てる人は、やはり頼《たの》もしいのです。

そういう「逆境に強いメンタリティー（心的傾向《けいこう》）」を、意図して、努力してつくることは可能です。ただ、そのようになるためには「精神修養」が必要です。

「禅《ぜん》の修行《しゅぎょう》」のようなものもありますが、「心を練《ね》るための書物」もたくさん出ているので、まずは、そういうものを繰り返し読み、自分の思想のなかに取り入れていき、「知行合一《ちこうごういつ》」で、その取り入れた思想を現実にやってのけることが大事です。

「人生の上がり下がりのリズム」を調整する

やってのけ、「いくらへこんでも、へこんでも、戻《もど》ってくる力」「リバウンドしてくる力」を持っていれば、だんだん認められてこざるをえないだろうと思います。

「普通《ふつう》は誰もが落ち込むところで、落ち込まない」ということも「力」です。「土俵際《どひょうぎわ》、俵《たわら》ギリギリいっぱいで粘《ねば》り切る」、これが大事なことなのです。

そういう意味では、人工的にというか、意図的に、自分の「人生のバイオリズム」について、その「上がり下がりのリズム」を調整できなくてはなりません。極度のリプレッション（抑圧《よくあつ》）、落ち込みまで行かないところで下支えをし、一方、好調のときには、あまりうぬぼれすぎないようにして、「そろそろ注意信号かなあ」というところで気をつけることが必要です。

そういうことに注意していれば、〝巡航《じゅんこう》速度〟のまま、比較《ひかく》的よい感じで成功が続いていくようなことはあるのではないかと思います。

人生に勝つポイント

□ 開発や営業部門等では、成功の確率は「千に三つ」だと考え、「減点主義」をやめる。

□ 失敗経験を考えるのはやめ、ダメージを受けているように見せない「精神的タフさ」を身につける。

□ 自分の「成功の平均値」を早く知ることで「心の安定」が得られる。

□ 「成功の平均値」を上げるには、同業のなかで活躍《かつやく》している人のやり方を研究する。

□ 「心を練るための書物」を繰《く》り返し読み、その思想を現実化してみせる。

□ 自分の「人生のバイオリズム」を知り、上がり下がりを調整する。

「失敗を成功に変える考え方」についての参考書籍
『智慧の法』『「成功の心理学」講義』（共に幸福の科学出版刊）

Q5 正しき者が強くあるための心構え

宗教的な人や善人の場合、競争することや、戦って勝利することに関して消極的になってしまい、結果的に、欲望が強い人や悪意を持った勢力に敗れてしまうことがあります。

そこで、「正しき者が強くあるための心構え」について、お教えください。

「平凡性《へいぼん》」を打ち破るのがリーダーの役割

それは、現実に、現在ただいまにおいても現れていることかと思います。

一般的《いっぱん》に「平和」とか「現状維持《いじ》」とか言っている人の心境はどうなのかというと、「事なかれ主義」というか、新たな刺激《しげき》に対応し、適応していく力や自信がないので、「今まで、やれてきたのだ。これで、このままで行こう」と思うタイプの人が数的には多いのが現実です。

「宗教的な人」なのか、「善人」なのかは知りませんが、宗教的な人に見え、善人にも見えるもののなかには、人間としての「平凡性《へいぼん》」もあるのではないかと思うのです。

その人間としての「平凡性」とは何かと言うと、「慣性の法則」に生きることです。「今までこれでやってこられたから、このままでやっていけたらいいいな」というような気持ちで生きている人が、多数派になりやすいことは事実です。

そういう人は、「うちの会社は、こういう型でやってこられたのだから、これでよい」「政治家が何と言おうと、役所はこのようにやってきたのだから、これからも、やはり、このようにやっていくのだ」などと考えるわけです。

銀行で、頭取《とうどり》がいくらハッパをかけ、「積極的にやる」と言っても、銀行員のほうに、「慎重《しんちょう》にやるべきで、それほど積極的にはやれない。

これが成功につながる」という考え方が身についていると、そう簡単には変わらないものです。

宗教的な人や善人に見えるかもしれませんが、それは、ある意味での「平凡性」かもしれません。もし、これが、単なる「平凡性」であり、「変化を嫌《きら》っているだけ」のことであって、「時代」「業界」「顧客《こきゃく》の好み」等に変化が起きているのに、そのトレンドに気がつかず、むざむざ敗れていこうとしているならば、危機を警告し、それを変えさせるのが「リーダーの役割」だと思うのです。

それに気づく人の数は、いつも少ないのですが、物見櫓《ものみやぐら》に上《のぼ》っているように、少し高いところから見て先が見える人は必ずいます。

「先が見える」こと、それがリーダーの役割です。そのリーダーは、いつも少数ではあり、多くはないので、単なる〝ジャンケンポン〟では多数にはなれないものではあるのですが、そうした、少数であるリーダーがものを言うことで、ある程度、危機を回避《かいひ》することができます。

このあたりについては、やはり、誰《だれ》かが責任を取って、それを変えようとする勇気を出さないといけないと思うのです。

韓国《かんこく》の客船転覆《てんぷく》事故に見る「マニュアル主義の限界」

先般（二〇一四年四月十六日）、韓国《かんこく》で、修学旅行生などを乗せた客船（セウォル号）が横転し、船員たちは逃《に》げたけれども、生徒たちの多くは亡《な》くなりました。

事故直後の船内の放送では、〝現状維持〟というか、「そのままでいて、その場を動かないでください」というアナウンスばかりが流れたようですが、その指示に従った人たちは助かりませんでした。

一方、すぐに甲板《かんぱん》に逃げた人たちは助かっています。とにかく海に出て泳いだ人は、一時間以内に助かったりしています。

救助のために、ほかの船がわりと早く来ていたので、船の外側に出れば何とかなったのですが、多くの人が船内でじっとしていて、周りから見たら分からなかったため、その人たちを助けようがなかったわけです。

逆に、周りの人について言えば、日本の「海猿《うみざる》」（海上保安官の潜水《せんすい》士《し》）風に、「海に飛び込《こ》み、水中に潜《もぐ》ってでも助け出す」というところまで踏《ふ》み込めば、助けることができた人は大勢いたのでしょうが、それを判断する人がいなかったため、むざむざと多くの人が亡くなりました。それで、国を挙げ、反省会というか、いろいろなせめぎ合いが起きているようです。

こういうことはよくあります。これは、緊急事態《きんきゅう》にあまり堪《た》えられないというか、「マニュアルがあるものについては対応できても、マニュアルがないものについては対応できない」ということです。

マニュアルがないようなケースや事件、あるいは、通常考えられているものを超《こ》えた事態が起きることがあります。例えば、「想定以上の量の仕事をさばかなくてはいけない」とか、「考えていた以上の人や車がやってきた」とか、いろいろなことがあります。

そういう、マニュアルどおりに判断できないときには、やはり、責任を持って決断する人が出てこなくてはいけません。それが「リーダー」ということになります。

世間《せけん》的には、あなた（質問者）が言うとおり、宗教的かもしれない人や善人かもしれない人、平和主義者であったり環境《かんきょう》論者であったりする人は大勢《おおぜい》いると思うのですが、「このままであったら、どのようになるか」ということを考えたときに、「最終結論」が多くの人にとって不幸なものであるなら、何とかする必要があります。

例えば、先ほど言った韓国の客船のように、「船内にいる人は、みな水死する」ということになったら、上の人の許可などは待っていられなくて、いちばん身分は低くても、現場の指揮官が、「助けられる人が助けていく」という判断をしなくてはいけないでしょう。

上の判断を待っていても、それは一時間や二時間たっても下りてこないかもしれないので、「もう間に合わない」と見たら、それをやらなくてはいけないのです。

リスクを冒《おか》して「平凡性」を超《こ》えた例①
A・カーネギーの場合

こういうことは、「成功論」に関係があるアンドリュー・カーネギー（アメリカの鉄鋼王）の自伝にも出てきますし、それをナポレオン・ヒル（アメリカの思想家）も書いています。

カーネギーは、それほど学歴もなく、鉄道会社の手伝い（事務員兼《けん》電信技手《ぎしゅ》）をしていたのですが、あるとき大事故が起き、その影響《えいきょう》で列車の渋滞《じゅうたい》が生じて、全区間の運行において不測の事態が起きる恐《おそ》れがあったのですが、彼の上司である管理職の人は、出勤が遅《おく》れ、出てきていませんでした。

「上の人がいないから」ということで放っておき、また事故が起きたら大変なことになるので、カーネギーは考えた結果、上の人の名前で電報を打ち、各列車の運行の指図《さしず》をしました。いつも電報を打ち、運行のさせ方は分かっていたので、そのとおりにやったら、危機を回避することができ、事故は起きませんでした。

その後、渋滞が生じたことを聞いた上司が出てきて、「至急、電報を打たなくてはいけない！」と言ったので、カーネギーは、「電報は打ってあります」と言って、それを上司に見せました。

その内容を見た上司から「誰の名前で?」と訊《き》かれた彼が、「あなたの名前で打ってあります」と言ったら、上司は無言で席に戻《もど》り、電報を打つのをやめました。

カーネギーは、「怒《おこ》られ、クビになるかもしれない」と思ったのですが、そうはならず、その後は列車の運行に関する指令のほとんどを任されるようになり、やがて昇進《しょうしん》したのです。

そのような話が、カーネギーの自伝には出てきます。

リスクを冒して「平凡性」を超えた例②
松下幸之助《まつしたこうのすけ》の場合

また、松下幸之助《まつしたこうのすけ》さんにも、若いころに、「先輩《せんぱい》であっても、不正なことをしている者は許せない」と言い、上の人を感心させた話がありま す。

彼が店に勤めていたとき、先輩の店員が不正をしたところ、彼は、店主に、「ああいう人とは一緒《いっしょ》に働けません。ああいう人が店にいるのだったら、私は辞《や》めさせてもらいます」と言ったのです。それは、仕事の筋《すじ》から見たら、「ごまかしをやっている者を許してはいけない」ということです。

彼は、そのようなことを言って、正しいほうが勝つ経験をしたようです。

会社の仕事で上の人が不正をやっているのを見逃《みのが》していたら、必ず連帯責任になりますし、その会社自体が成功することもあまりないでしょうから、やはり、言わなくてはいけないこともあるでしょう。

ただ、そういうことを言うと角《かど》が立ち、人間関係は難しくなりますし、どちらか一方しか会社に残れないこともありましょう。そういうことはあるでしょうが、やはり言わなくてはいけないこともあります。

そういう意味で、そうした「平凡性との闘《たたか》い」「日常性との闘い」「今までの慣習との闘い」においては、あえてリスクを冒《おか》し、責任を取る覚《かく》悟《ご》のある人、そういう勇気のある人が、リーダーとして出てくるチャンスもあるわけです。

むしろ、自分にとっては客観的に不利のような情勢が多数に見えても、そこで、あえて声を上げることが、自分の次の道を拓《ひら》くきっかけにもなることがあると思います。

世間《せけん》の流れに逆行するなかで、自らを鍛《きた》え大きくなっていく

私も、幸福の科学を率《ひき》いてきて、世間《せけん》の流れに逆《さか》らうような動きをしたことが、過去たくさんあります。あえて戦いを挑《いど》み、周りから、「バカなことをするなあ」と言われたことはよくあるのです。

〝バカな戦い〟をたくさんやってきたと自分でも思っていますが、〝バカな戦い〟をするたびに、どうも「レベル」は上がるようです。

〝バカな戦い〟をし、「とても敵《かな》わない」と思った相手と戦っているうちに、いつの間にか、相手と同じ規模になるか、相手を抜《ぬ》いていきます。

「戦わなかったら抜けず、そのまま下の立場に甘《あま》んじなくてはいけない

が、戦うことによって、その相手を抜いていく」ということがあるのです。

今朝（二〇一四年六月二十四日）、私は、当会が始まったころには先輩格で、少し影響も受けていた宗教団体の夢を見ました。

当時、その宗教団体は、当会の信者が千人ぐらいになったときに、「うちには一万人もいる。規模が十倍もある」と言って威張《いば》り、「だから、うちは正しいのだ。だから、おまえらは、おかしいのだ。間違《まちが》っているのだ」というようなことを言ってきました。

そして、当会の幹部で、布教誌《ふきょうし》に名前が出ている人たちそれぞれのところへ、一生懸命《いっしょうけんめい》、〝切り落とし〟の手紙を書いて送ってきたりしていたのです。

当会は、その宗教団体から幹部全員に来た手紙を全部まとめて束《たば》にし、小包《こづつみ》にして、そこの本部に送り返しました。〝チャレンジング〟ですが、十倍の敵に対して、そうしたのです。

向こうがやったことは、兵法と言えば兵法であり、内部分裂《ぶんれつ》を画策する兵法でしょう。「そうした手紙を受け取った誰かが、『おかしいのかな』と思い、内部が割れるのではないか」と考え、分裂させようとして怪《かい》情報を流したのでしょうが、その手紙を全部集め、そこの本部に送り返したのです。

そうしたら、向こうは、「これに対しては承服しかねるから、しばらくしたら正式な対応を取る」と言ってきましたが、その後、何もしてこないで、そのまま放置されました。

そして、気がついたら、いつの間にか、当会のほうがその団体の何十倍も何百倍もの大きさになっていました。

ただ、私としては当時、その宗教団体については、もう少しまともな団体だと思っていたので、「こんな姑息《こそく》なことをするのか」と思い、がっかりしました。

当時は「委員」や「局長」などの名前が当会の布教誌に出たりしていたので、そのあたりの人たちに、一個一個、当会の悪口のようなものを仕込んできて送りつけ、〝毒の種〟をまき、不信感を煽《あお》ろうとしたのです。それを見て、がっかりしたというか、「宗教がこんなことをしなくてはいけないとは、情けないな。正当な競争ができないのだろうか。正当にきちんとやればよいではないか」と思ったのです。

講演会をするなり本を出すなりして、正当に競争すればよいのですが、当会がたくさん本を出していて、追い上げがかなり激しいので、それを何とか止《と》めようと思い、そういう毒の種をまいてきました。

しかし、こういうものに屈《くっ》するようであってはいけないと思うのです。「おたく様がやっていることは、こういうことでしょう」ということで、向こうの本部宛《あ》てに手紙の束をポンと送りつけたら、そのあとは何もしてこなくなりました。

やはり、そういうものに負けない力も要《い》ると思います。

「裁判所の判断」をも変えた「大手マスコミ」との戦い

もう二十三年も前になりますが（説法《せっぽう》当時）、当会は、大手のマスコミで、いちばん大きい出版社と戦ったこともあります（注。一九九一年に「週刊フライデー」が誌上にて幸福の科学を誹謗中傷《ひぼうちゅうしょう》したため、信者たちが抗議《こうぎ》をした〔フライデー事件〕。『ダイナマイト思考』〔幸福の科学出版刊〕最終章「希望の革命」参照）。

周りからは、「やめておけ。バカなことをするな」と言われましたし、ある新聞社からも、「今まで営々《えいえい》と信用を築き上げてきたのに、こんなところで信用を失《な》くしてしまうとは残念だ」と言われました。

ところが、当会が戦った結果、やがて裁判所のほうまで考え方が変わったのです。

私どものその戦い以前には、「『言論の自由』や『出版の自由』などの表現の自由は、戦後認められた最高の権利であり、民主主義を担保《たんぽ》するために最も大切なものなので、最大限に守られなくてはいけない。それは、もし批判や弾圧《だんあつ》を加えられたら、〝ガラスの城〟のように、すぐ壊《こわ》れるものなので、大事にしなくてはいけない」というのが、憲法学的には主流の考えであったのです。

しかし、私どもが戦ったあとは、裁判所のほうも、「マスコミのなかにも悪があるのではないか」ということを、いちおう疑い始めました。

当会のほうは、「報道のなかには悪なるものもあり、報道の白由自体が尊いわけではない」と言っていました。

「できたら、正しい報道をするのがよいのだけれども、正しい報道をしようとしても、間違うことはあるだろう。取材の間違いや勘違《かんちが》いもあれば、相手が嘘《うそ》を言ったため、事実とは違うことを載《の》せる場合もあるだろう。

そういうときには、『間違った報道だった』ということをきちんと述べ、修正すればよい。報道をすること自体が尊くて正しいわけではなく、内容が大事なのだ」

そのような価値観を当会が打ち出したら、裁判所のほうも、いちおう、その考えに乗ってきて、「間違っている」と思うところに対しては、かなり厳しい判断を出すようになってきたこともあります。

大手出版社による〝兵糧攻《ひょうろうぜ》め〟にも耐《た》え抜《ぬ》く

これは、当会が宗教法人格を認められたばかりのころでしたが、平気で大手の出版社に戦いを挑んだら、周りから、「バカなことをするな」と言われたわけです。

また、一部には、実情をよく知らずに、「大きな宗教が弱い者いじめをしている」というような言い方をする人もいました。これには、主として作家が多かったのですが、自分たちの食べていく道が狭《せば》まるからかもしれませんし、「出版社が、大きな宗教と戦って、勝てるわけがない」と思ったからかもしれません。

しかし、当会は、小さいとはいえ独自の出版社を持っていたのですが、それに対し、大手の出版社のほうが、取次店《とりつぎ》や大手書店に圧力をかけ、「当会の出した出版物を、全部、返本させる」というようなことをしてきたのです。

大手出版社の社長などには、取次会社の役員にも名を連《つら》ねている人がたくさんいるのですが、そういう人が圧力をかけ、「大川隆法の本を、全部、返本してしまえ」と言ったので、一時期、当会の出版社には返本の山ができました。二、三カ月の間、当会の出版物が書店から消えた時期もあったのです。

それでも、負けずに頑張《がんば》っていたら、翌年《よくとし》ぐらいから回復してきて、また本が書店に出ていくようになりました。

そのような状態のなかにあって、最初から、「これは良書だ」と思い、幸福の科学出版の本を護《まも》り続けてくれた書店もあります。

紀伊國屋《きのくにや》書店さんでは、もう一九八〇年代から、「幸福の科学出版の本は良書であり、その普及《ふきゅう》は啓蒙《けいもう》運動の一つだから、これを応援《おうえん》しなくてはいけない」というような方針がトップから出ていたので、その戦いのときにも護ってくれました。そういう書店が、一部、出てきてくれたりもしたのです。

したがって、〝信用合戦《がっせん》〟の面もありました。「言っていることが、どこまでシリアスで、正当か」という問題は、やはりあると思うので、私のほうは正当に考えて、「戦うべきだ」と思うものについては戦ってきたのです。

ただ、そのように、一時的に不利を被《こうむ》ったことはあります。自分のところの出版社で本を出していて、全部、返本をかけられ、相手が大手となったら、ちょっと敵《かな》いません。

今は幸福の科学出版の本の点数も増えましたけれども、当時は、それほどの点数は出ていませんでした。「ザ・リバティ」の前身のようなもの（注。一九九一年当時、「エスカレント」というムック本を数冊刊行した）は絶版になりましたし、私の著書は、書店でコーナーを持っていたのに、それが一時期、なくなってしまったのです。〝兵糧攻《ひょうろうぜ》め〟をしようとしてきているのは明らかでした。

さらに、銀行にまで手を回してきました。その大手出版社側のメインバンクは、当会が取引をしていた銀行のうち、いちばん大きいところでもあったので、その銀行に圧力をかけ、その銀行がつかんでいる当会の内部情報が流されたりもしました。

このように、「あの手、この手」で攻めてきたのです。

逆風をも糧《かて》にして「正しさ」を主張し続ける

「報道の自由」や「言論・出版の自由」などの「表現の自由」は、その本則《ほんそく》から言えば、基本的に、規模の大小は関係がないのであって、やはり、正しい言論が勝たなければならないのです。

「言論の自由市場」のなかで自由に戦い、正しいほうが勝ち残り、間違ったものは消え去っていき、淘汰《とうた》される。そういう「言論の自由市場」が憲法的には保護されています。

法律学的、憲法学的に考えて、私のほうは、そのように理解していたので、「悪貨《あっか》が良貨《りょうか》を駆逐《くちく》するようなことは、正しいことではない」と思い、「間違ったことを言ったら、きちんと修正をしてほしい」ということを申し入れただけのことです。それで抗議したわけです。

「大きいものに対して、小さいものは黙《だま》っていろ」「長いものには巻かれろ」といっても、当会の場合、そこで本を出してもらわないと生きていけないようにはなっておらず、小なりといえども自分たちでやっていたので、戦い抜《ぬ》いたら、何とか〝いける〟ようになりました。

そして、そのときには、当会の会員から、ずいぶん援助を受けました。当時は、初めて、いろいろな献金《けんきん》が集まり始めた時期でもありました。

私は、最初のころには、まだ宗教に慣れていなかったので、「何もなしで献金を頂く」ということに関し、少し恥《は》ずかしいような気がしていて、「お金は、本を出すとか、講演会を行うとか、何かをやって頂くものだ」と思っていました。

しかし、宗教の勉強が進むと、「宗教のお布施《ふせ》というものは、本来、何かの対価としてもらうものではなく、対価性のないものである」ということが分かりました。それが、本当のお布施なのです。

当会では「植福《しょくふく》」と称《しょう》していますが、お布施には対価性がなく、商品あるいはサービスの対価として、お金をもらっているわけではないのです。

これについては、会社に勤めていた人間にとっては、やはり、そう簡単には切り替《か》えができないというか、なかなか、にじみ込んでこないものがありましたが、大手の出版社との戦いの時期は、同時に、そういう切り替えができてきた時期でもありました。

また、そのころから、当会が「会員」と呼んでいた人たちが、「信者」と名乗るようになってきたのです。そういう〝メリット〟もありました。「自分たちが教団を護らなくてはいけないのだ」という思いが出てきたのです。そのような副産物も出てきました。

本当に「命《いのち》懸《が》け」だった「オウム真理教との対決」

当会は、教団にとってマイナスに見えることであっても、やってきましたし、ほかにも、いろいろな戦いがありました。今から見ると少しゾッとするようなこともたくさんあります。

●「オウム真理教事件」のとき、当会は、警察の公安に協力し、オウムを逮《たい》捕《ほ》に追い込む方向で圧力をかけ、全国で百万枚ものビラを一日で配ったりしました。

「宗教法人幸福の科学」の名前のビラを配ったので、向こう（オウム）にとっては当会が〝敵〟であることは明確です。

そのあと、警察の公安が当会に写真を持ってきて、「これ、どこか分かるか」と訊《き》くので、当会の広報部門の人がそれを見て、「いや、ちょっと分からないのですが」と答えると、「これは、おたくの教祖が住んでいる場所だ」と言われました。

●**オウム事件解決に貢献した幸福の科学**　1995年3月20日、オウム真理教による「地下鉄サリン事件」が起きたが、同年2月の「目黒公証役場事務長・假《かり》谷《や》清《きよ》志《し》さん拉致事件」の拉致現場目撃者が幸福の科学の信者だったこともあり、幸福の科学は、假谷さんの拉致がオウム真理教による犯行であることを、政治家や警察、報道機関などに訴え、事件の早期解決に尽力した。

そして、「彼らは、近くにアパートを借りて、このような写真を撮《と》り、四六時中《しろくじちゅう》、ビデオで撮影《さつえい》している。これは狙撃《そげき》を考えているのだ。だから、朝、家を出る時間や、帰ってくる時間を、毎日変えなさい。また、ルートも変えなさい」と言われたのです。

それを聞き、こちらは、ある意味で、初めて〝ゴルゴ13《サーティーン》〟に狙《ねら》われていることが分かりました。そのころに、防弾ガラスの付いた防弾性の車を入れ、防弾ジャケットまで買い込みました。もっとも、そのジャケットは重すぎて、それを着て説法できるようなものではありませんでした。

当時は紀尾井町《きおいちょう》ビル（東京都千代田区《ちよだ》）に当会の総合本部がありましたが、そこはオープンスペースであるため、地下の駐車場《ちゅうしゃじょう》には誰だって入れます。そのため、「幸福の科学が持っている駐車スペースにある車のなかで、いちばんよい車の排気口《はいきこう》から、ＶＸガスを撃《う》ち込め」という指令が向こうのトップから出ていて、「いちばんよい車にＶＸガスを撃ち込んできたのに、なかなか死なないな」と向こうは言っていたようです。

もし車を間違えて入れ、どこかの会社のトップか何かが死んでいたら、申し訳ないとは思うのですが、そういう話は聞いていません。ただ、彼らがそれをやったことについては、読売新聞などにも載《の》りました。

そういう戦いもありました。「やや若気《わかげ》の至りだったのかもしれない」とは思いましたし、そのような事件のあと、結果的には、宗教法人法が〝改正〟され、当会やほかの宗教も迷惑《めいわく》を被《こうむ》ったところもあるので、よかったのかどうか分からないところはあります。

ただ、今はまだ十分ではないかもしれませんが、いずれ、「宗教のなかには、間違った宗教を認めないところもあるのだ」ということを、理解してくれることもあるのではないかと思います。

このように、私は、二十四時間態勢で、銃《じゅう》で狙われていたのです。

したがって、「オウム真理教との対決」が「命懸《いのちが》け」であったことは事実です。

「原発推進」「オスプレイ配備推進」の主張が政治を動かした

そういうこともあったので、「こんなことは何度もできない」と思ってはいますが、その後、政治に対して数多く提言をしていますし、外国に対しても意見をたくさん言うなど、リスクのあることをずいぶん言っています。

宗教団体の多くは、「原発反対」や「防衛力増強反対」の立場に回り、「憲法九条を守れ」「平和主義を守れ」と訴《うった》えたりしています。

そちらに行《い》ったほうが多数であることはよく分かっていますし、一般にはマスコミ受けがよいこともよく分かっていますが、私はあえて、へソの曲がったこともずいぶん言ってきました。

以前は、与党《よとう》でさえ、「原発推進」と言えるような状況《じょうきょう》ではありませんでした。

また、沖縄《おきなわ》の米軍基地に配備された、オスプレイというヘリコプターは、「過去に、二機墜《お》ちたことがある」という理由で、配備反対運動を起こされ、与党でさえ、「それは入れない」というようなことを言っていたときに、当会は、「オスプレイ賛成デモ」を自衛隊と米軍の基地のある山口県岩国市《いわくに》などでやったりしました。

そのデモはろくに報道されませんでしたが、結果的にオスプレイは沖縄に配備され、飛んでいます。

なぜ私がオスプレイ配備に賛成したのかというと、性能的に見て、今までのヘリコプターに比べ、航続距離《きょり》がはるかに長いからです。

尖閣《せんかく》諸島で問題が起きたとき、人を乗せて尖閣諸島まで行って対応し、戻ってこられるだけの航続距離がオスプレイにはありますが、米軍や日本の自衛隊の他のヘリコプターでは、その距離を飛べず、途中《とちゅう》で海に墜《お》ちてしまうため、対処できないのです。

したがって、こちらのほうに替えるのは理《り》の当然です。速度も速ければ、航続距離も長いので、導入するべきなのです。

「一回、アメリカで墜ちたことがある」といっても、米兵も死にたいわけではありません。死にたくなくても、事故が起きることは当然あるでしょう。

「これは入れるべきだ」と判断したら、選挙では票が減るかもしれませんが、政策判断としては、そうすべきだと思うのです。

すると、「配備賛成」を公言しているのは当会ぐらいしかなかったのに、役所のほうは、自衛隊への配備を許可する方向で動いていきました。

そういうこともありました。

「大きくなったもの」には「責任」が伴《ともな》う

そのように、けっこう怖《こわ》いことをたくさんやってきていますし、大きな新聞社やテレビ局のしていることに対して批判することは、今でもやっています。

以前に比べると、当会はかなり発展し、信者数も大きくなり、海外にも影響が出てきていますし、「言論力」もかなり高まっています。

強くなってきたり、大きくなってきたりしたものは、それだけの「責任」を負わなくてはいけないと私は思います。「強くなってきたら、強くなってきただけ、敵も大きく強くなり、本気になってくる」というところはあると思うのですが、やはり責任があると思うのです。

小さなうちは、そういう責任はありませんでした。

一九九一年に「フライデー事件」が起きる前には、当会は、自分たちの宗教のことだけを考えていればよかったので、はっきり言えば、新聞の一面記事には、まったく何の関係もなかったというか、影響を与《あた》えていなかったのです。

しかし、それからあとは、だんだん、新聞の一面記事に対して関係があることをするような団体になってきました。

ただ、そういうことをするに当たっては、やはり勇気が要《い》ると思います。

日ごろ、自分が「正しき心の探究」をしながら努力を積み重ね、そのなかで発見した「知見《ちけん》」、つまり「物事を見る智慧《ちえ》」が信じられるのだったら、やはり、「言うべきときには言い、やるべきときにはやる」という決断が大事なのではないかと思います。

結果的には失敗することもあるかもしれません。

そのときには、「以《もっ》て瞑《めい》すべし。正しいことを行い、それで不利益を被《こうむ》るのなら、いたしかたない。それも天意であるなら、受け入れるしかない。しかし、天意が、本当に正しいものを護ろうとするならば、どこかで助けてくれることもあるだろう。それまでは、人知《じんち》を尽《つ》くして努力すべきだ」と考えればよいのです。

幸福の科学は、必ずしも教団にとって利益のあることばかりをやってきたわけではありません。このあたりが当会の「自負」ですし、他教団と比べても違うところでしょう。また、当会に帰属している信者たちの

「誇《ほこ》り」の部分でもあるのではないかと思っています。

いったん判断したら押《お》し続ける「持久力」と「胆力《たんりょく》」を持つ

全体的には、経験も通して言えば、そういうことが言えると思います。

「世間《せけん》一般はどうか」「ほかからはどう見られるか」という目で自分を見るのも智慧の一つではあるのですが、一定以上、責任がある立場になってきたら、あるいは、人を動かせて、判断に力が出てくるようになってきたら、やはり、それだけでは済まなくなってきます。

「正義」の観点や、「未来はどうなるのか」という観点から物事を考え、それについて、いったん判断したら、変えないで押《お》し続けるだけの「持久力」や「胆力《たんりょく》」が要るのではないかと思っています。

人生に勝つポイント

□ 「平凡性」に生きる人に危機を警告し、それを変えさせるのが、リーダーの役割であり、「先が見える」ことが大切。

□ リーダーは、マニュアルにない事態が起きたときに、責任を持って決断しなければならない。

□ 大きくなった組織や企業《きぎょう》には、それ相応の「責任」が伴う。

□ 「正義」や「未来はどうなるのか」という観点から物事を考え、いったん判断したら、押し続ける「持久力」や「胆力」を持つ。

「リーダーの心構え」「正義の考え方」についての参考書籍
『ダイナマイト思考』『リーダーに贈る「必勝の戦略」』（共に幸福の科学出版刊）

Q6 家庭を持つ女性にとっての「人生の勝利」とは

「勝ち組、負け組」や「負け犬」といった言葉が、以前、流行《はや》りましたが、女性の社会進出に伴《ともな》って、女性の人生を「勝ち負け」で判断することが多くなっているように思います。しかし、その基準は「この世的なステータス」である場合が多く、必ずしも天国的ではないようにも感じています。

特に、家庭に入った女性にとっての「人生の勝利」とは、どのようなものでしょうか。

高学歴の母親は子供に〝ノルマ〟を課《か》しやすい

これは難しいところです。

政府のほうも、女性が活躍《かつやく》できる場をもう少しつくろうとしていますし、「なるべく男性と同じ状態に近づける努力をしよう」と考えているところだと思いますが、一方では少子化の問題にも直面しており、「子供のほうの問題がどのように出るか」ということはあるだろうと思います。

不況《ふきょう》期が長かったので、「専業主婦ができるほうが、リッチな階級、〝貴族階級〟だ」という意見が出ているときもありました。

ただ、高学歴のお母様もかなり増えてきました。高学歴のお母様がたには、本来、「企業《きぎょう》などでバリバリ働きたい」という気持ちを持っている人が多いので、仕事のほうを辞《や》め、あえて家庭に入った場合、仕事へのエネルギーが子供のほうに向かっていくこともあります。

そして、会社にいたら自分にノルマが課《か》せられるように、子供に〝ノルマ〟を課してしまうようなところもあるのです。

子供に過大な期待をかけ、人生のかなり早いうちから、勉強のスタートを切らせたりするのですが、そこには、「成果を早く確かめたい。なるべく早く手柄《てがら》を手に入れたい」という気持ちがあります。

子供が幼稚園《ようちえん》あるいは小学校の時代に、それから中学へ入る時代あたりで、「できるだけ早く周りから称賛《しょうさん》されたい」という焦《あせ》る気持ちが出てきて、子供にプレッシャーをかけるのです。

しかし、ゆっくりと仕上げていけば、うまくいくものが、急がせたためそうならず、逆になってしまうことがあります。反抗《はんこう》的な子供や勉強の嫌《きら》いな子供ができてしまったりする〝逆回転〟も、現実には起きているのです。

「自分が家庭に入った以上、何らかの手柄がないと、やはり納得《なっとく》がいかない」という部分があり、待てないので、どうしても早くやってしまうのですが、小学校に入る前や、入ってすぐのときに、あまりにも勉強しすぎた人には、「その後、燃え尽《つ》きる」という傾向《けいこう》があります。

うち（大川家）の子供たちに訊《き》いてみても、そのようなことは言えます。

小学校時代に「算数オリンピック」で世界ランキングの何位かに入り、〝御三家《ごさんけ》〟といわれるトップ校に入った子が、そのあと、数学がそれほどできなくなり、東大を受けて受からないこともあります。

一方、〝御三家〟に入り、そのなかで理系のトップになった子のほうは、小学校のときには、「算数オリンピック」において、必ずしもトップクラスではなかったのです。

人にはそれぞれ、「伸《の》びるべきとき」がある

やはり人間は変わっていきますし、その人にとって「伸《の》びるべきとき」があります。その「伸びるべきとき」に伸びるのが、いちばん幸福

なのです。

桜の花は、東京あたりまでであれば、だいたい三月の中下旬《ちゅうげじゅん》ぐらいにならないと咲《さ》かないものです。それを二月に咲かそうと思ったら、大変なことになり、「ドライヤーで温風をかけて咲かせるか」という話になりますが、ドライヤーの熱で咲いても、ドライヤーを止めたら、しぼんでしまうと思うのです。

それから、東北のほうでは、四月や五月に桜が咲きますが、これを早くしようとしても、そうはいかないところがあります。

それぞれ、「伸びるべきとき」があるので、これを、ほかの人が人工的にいじり、自分の考えのとおりにやろうとしても、そうはいかないことはあるだろうと思うのです。

やはり、それぞれの人が、自分にとって最善のときに伸びていくのがよいのだろうと思います。人には「個性の差」があるので、「〝早咲《はやざ》き〟がよいか、〝遅咲《おそざ》き〟がよいか」は何とも言えません。

ただ、早いうちにピークが来た人の場合、基本的には、そのあと下がっていく傾向が出てきます。

幼稚園や小学校、中学校で、それぞれピークが来ると、そのあと下がっていく傾向があるので、「ピークがまだ来ていない」ということに不満感をあまり持つのは、よいことではありません。「大器晩成《たいきばんせい》」ということもありますし、あとから、だんだん、できてくるような人もいるのです。

新入社員のなかから「将来の経営者」は見抜《みぬ》けない

大学時代によくできて、会社に一番で入ったら、将来、社長になるかというと、必ずしもそうではなく、大会社の場合には、そういうことは、ほとんどありえません。

昔、役所などでは、入省順位で、だいたい将来の出世が見えているような面もありました。今はどうなっているか、私は知りませんが、やや変わっているかもしれません。

しかし、民間企業であれば、もはや、「入社試験の成績で最後まで決まる」というようなことは、ほとんどないのです。

ピーター・ドラッカーという経営学者も、あまりにも早い時期に、将来の経営担当者等を選別することの危険性を説いています。

彼は、「アメリカも学歴主義で、『MBA（経営学修士）を取った人を、即《そく》、副社長にする』というようなシステムがあるが、これは悪いシステムで、それがけっこうアメリカの競争力を落としている。MBAを取った人であっても、もう少し経験が必要だ」と言っています。

また、彼は、「入社時に、将来の重役になる人を選ぶことは、ほぼ不可能だ。『経営者としての資質』には、かなり先天的なものもあるけれども、残念ながら、二十二、三歳《さい》の人を見て、『先天的な資質があるかどうか』を見抜《みぬ》くことは、どのような人事担当者であっても、やはり不可能である。実際にやらせてみて、時間をかけて育てなければ、分からないのだ」というようなことも言っています。

そして、「日本型のシステム」のよいところを彼はほめています。

働く人にはホワイトカラーとブルーカラーとがあり、大きなメーカーであれば、普通《ふつう》は総合職や事務職などのなかからエリートが出てくることが多いのでしょうが、「日本には、最初は、工場のブルーカラーとして、いちばん下《した》っ端《ぱ》で働いているような人であっても、抜擢《ばってき》されて、だんだん偉《えら》くなっていくようなことがある。こういう日本的システムには、なかなか優《すぐ》れたものがある」ということを言って、日本を擁護《ようご》してくれているところも彼にはあります。

成人したあとは「親の力」より「個人の力」が大きくなる

これは、やはり人生の真理であり、「早いうちにピークが来たから才能がある」と考えるのは、やや早計かもしれません。

もちろん、芸術系の科目において、音楽、歌や踊《おど》り、絵などについては、わりに早く才能が出てくる面はあるかもしれません。また、将棋《しょうぎ》や碁《ご》も、早くからやらないかぎり、プロになるのは難しく、十代で才能が出てこなければ、なかなかプロにはなれません。理数系の学者としての才能も、わりに早めに出てくると言われています。

ただ、「トータルで見ての成功」というものは、なかなか分からないので、そのことを思うと、大人になって以降は、ロケットが地球の成層圏《けん》から出るときの噴射《ふんしゃ》のあとのようなものです。

〝成層圏〟から出るまでは「親の力」も関係があるかもしれませんが、「成層圏を出てからあと、宇宙をどう飛んでいくか」ということは、もう、成人してからあとの「個人の力」によるので、親としては、大人になってから本人が困らないようにしていくことも大事かと思うのです。

「仕事での成功」と「家庭での成功」の両立は、なかなか難しい

家庭に入り、子育てで人からほめられるのを急ぎすぎると、〝現代の貴族〟といわれた人たちにも、実は悲劇が起きることもあります。

また、会社に勤めて出世する人は出世する人なりに、仕事の面では恵《めぐ》まれていて、面白《おもしろ》いこともあるでしょうが、「家庭的なところでは、なかなか、うまい具合にいかない」ということもあります。

両方とも成功しようとして、仕事での成功を目指しつつ、結婚《けっこん》のほうでも成功を目指す女性もいるでしょう。

ただ、男性は、自分を尊敬してくれるような人とは結婚したがりますが、自分がバカにされるような相手とは、だいたい結婚したがりません。

人から尊敬されるような男性は、それなりに自分に仕《つか》えてくれるような女性が好きなので、自分がお仕えしなくてはいけないような女性と結婚する男性には、一般《いっぱん》的には、なかなか一流どころは少ないのです。

一流どころの男性には、普通は男気《おとこぎ》があるので、自分が仕えなくてはいけないか、あるいは、〝ワークシェアリング（役割分担）〟と言われ、家庭の仕事の半分をやらなくてはいけなくなるような相手とは、結婚したがらない気《け》はあります。

そういう意味では、女性が、職業でも成功しながら、家庭でも成功しようとしても、なかなか、そううまくはいかないことがよくあるのです。

いかなるケースにおいても、「成功」も「失敗」もありうる

全体を通して言うと、やはり、「いかなるケースにおいても、成功も失敗もありうる」と考えざるをえません。

夫婦間《ふうふ》の問題から親了関係の問題、家族や親族との関係の問題も含《ふく》め

て、成功・失敗は、いろいろなかたちで出てくるので、一概《いちがい》に判定はできませんが、自分にとって、あまりにも大きな成功を願いすぎると、やはり失敗することが多いのではないかと思います。

したがって、どこかで、〝信用限度〟をかけなくてはいけないと思うのです。

「自分個人だったら、このくらいまでやれる」というものは確かにあるでしょうし、努力してやれば、できるものもあると思うので、「仕事のほうで成功すれば満足」という人生観の人は、それで結構だと思います。それも一つの割り切り方です。

ただ、「仕事と家庭を両立させ、女性としてオールマイティーなところを認められたい」という気持ちが強いのであれば、それなりのところ、そこそこのところで満足しなくてはいけない部分や、譲《ゆず》らなくてはいけない部分が、どうしても出てくるだろうと思います。

「結婚して子供ができたけれども、自分は社会的にも成功している」と吹聴《ふいちょう》する女性もいます。しかし、外に知られていない部分で、誰《だれ》かが犠牲《ぎせい》になっているケースは多いと言ってもよいでしょう。夫が犠牲になっているか、子供が犠牲になっているか、親が犠牲になっているか、誰か第三者が犠牲になっているケースはあると思います。

そういう意味で、「国や地方公共団体に責任の一端《いったん》を背負ってほしい」というような要望は、ずいぶん強く出てきていますし、そういう可能性もあるでしょう。企業に託児所《たくじしょ》をつくるとか、駅に託児所をつくるとか、いろいろあるとは思うのです。

それは、「今、働いている」という段階においては非常に便利なのですが、「将来、その子供がどうなるか」という、十年や二十年先まで眺《なが》めてみないと、分からないところはあります。

うち（大川家の実家）では、昔、犬を飼う前に猫《ねこ》を飼っていたことがあるのですが、その猫を、「もう面倒《めんどう》を見切れないので捨てよう」と思い、父が捨てようとしたことがあります。それは、父の事業が成功せず、父が転職して勤め始めたころだと思います。

当時、父は朝、家を出ると、阿波川島《あわかわしま》駅から列車に乗り、鴨島《かもじま》駅に行き、そこで降りて、会社かどこかに勤めに行っていたのですが、その駅の外で猫を捨て、夕方、いつもの列車で帰ってこようとしたら、その猫が駅舎の屋根の上で待っていて、「ニャー！」と言って飛び降りてきたため（会場笑）、連れて帰らざるをえなかったそうです。

猫でさえ捨てられないのですから、「駅に託児所をつくり、子供を預けておけばよい」と言っても、なかなか、そう簡単にはいかないかもしれません。子供から、「自分に対して手を抜いた」と思われるところがあるかもしれないのです。

あらゆる面で「完璧《かんぺき》」を目指すのではなく、各人が自立する

そういう意味では、「あらゆる面で完璧《かんぺき》を目指そう」とか、「最高を目指そう」とか思わないほうがよいでしょう。自分が個人で持っている能力に期待することが大事かと思います。

女性として、自分が自立して要領よくやれるところについては、やっていかなくてはなりませんし、旦那頼《だんなだよ》りだったものを、自分でやらなくてはいけないところもあるでしょう。

また、ご主人のほうも、それなりに自分でやれることについては、迷わずに、さっさと自分で片付けるようにならなくてはいけないところがあるでしょう。

子供についても、「親に宿題を必ず見てもらう」という習慣を許してはいけなくて、「自分でやりなさい」と言わないといけないところもあるかもしれないと思います。

ですから、トータルで、何もかもにおいて最高を目指すのではなく、「そこそこの成功をすればよい」という気持ちを持つことも大事です。

子供が何人かできた場合、「全員が成功する」と思うのは、欲が過ぎるかもしれません。世間《せけん》はそうなっていないのです。

「二人ないし三人の子供ができたら、そのなかで一人でも成功すれば、その成功で家族が何とか潤《うるお》っていくことができる」という考え方もあると思うのです。誰か一人がよくなったら、全体がよくなることもあるので、「どちらの側面を見るか」ということでもあります。

「親のせい」にする子供とは、ほどほどに付き合ったほうがよい

専業主婦になる場合、例えば、「自分は勉強ができず、それなりの社会的なキャリアをつくれないと思うので、専業主婦になる」という考え

もあろうかと思います。

そして、「自分は、勉強ができなかったから専業主婦になったけど、子供が勉強ができないと、やはり自分のせいになる」ということで嘆《なげ》く人もいます。しかし、それをあまり考えすぎるのは問題だと思います。親と子で魂《たましい》は別ですし、努力すれば、それぞれに道が拓《ひら》ける部分もあるからです。

また、「母親の頭が悪いから、自分も勉強ができないのだ」と言う息《むす》子《こ》は、ろくな息子ではないので、そういう息子とは、ほどほどの付き合いにしなくては駄目《だめ》だと思います。

例えば、「母親が高卒だから、自分は一流大学に行けないのだ」と言う息子とは、相手が〝飢《う》え死《じ》にしない〟程度の、ほどほどの付き合いでよく、あまり深い付き合いをすると、一生〝祟《たた》る〟ので、気をつけたほうがよいと思います。

親が勉強ができなくて家が貧しかったり、よい機会に恵まれなかったり、才能に恵まれなかったり、いろいろあるでしょうが、親が成功していなくても、親孝行な子であったら、「自分は何とか成功して、親孝行をしたい」と考えるものなので、親の不成功が必ずしも子供の将来を規定するようなことにはなりません。反対に考える人もいます。

しかし、「親のせい」にしたり、「家にお金がないせい」にしたり、「社会の制度がうまくできていないせい」にしたりする子供は、大した子供ではないので、実社会でもまれ、一回、性根《しょうね》を叩《たた》き直されなくてはなりません。あるいは、親子であっても、ほどほどに付き合うようにしないと、あとで親がバカを見ることになります。

「子供への〝投資〟は返ってこない」と考えるべき

〝親切の押《お》し売り〟ではありませんが、「将来、自分の面倒を見てもらおう」とか、「リターンをもらおう」とか思って、親が子供に過大な期待をかけすぎると、ろくでもないことになります。

子供に期待をかけたり、チャンスを与《あた》えたり、進学や塾《じゅく》のためにお金をかけたりすることは構いませんが、「返ってこないものだ」と思ってお金を使ったほうがよいと思います。

仕事のように、「投資に対しては必ず効果があるべきだ」と考え、「この塾には、年間、百万円以上、二百万円ぐらいかかっているのだから、きちんと医者になって、お金を何千万円も儲《もう》け、毎年、親に一千万円ほど仕送りするぐらいにならなければ、あなたは完全にギルティ、罪ですよ」というようなことを言って、子供に圧力をかけると、たいてい、そうはならないで、違《ちが》う道に行き、フリーターになったりするものです。

そのように、子供が「親の圧力」に耐《た》えられないことがあります。

家族も含めての成功になると、自分一人の思いだけでは、なかなか、そうはならないので、それぞれ譲《ゆず》るべきところは譲り、自分が進んでやらなくてはいけないところはやって、全体として、そこそこ何とかかたちがついたり、世の中に迷惑《めいわく》をかけず、人々が少しは、「この家庭があってよかったな」と思ってくださるところまで行けたりすれば、よいほうです。

そのなかで、夫でもよいし、子供でもよいし、自分が仕事をしているなら自分でもよいのですが、少しは優《すぐ》れた人が誰か一人でも出てきたら、それでも大いなることなのです。ほかの人がそのための〝肥《こ》やし〟になっている部分はあるかもしれませんが、そのくらいでも十分な喜びを感じなければいけません。

全員が〝キンキラキン〟になるようなことばかり考え、〝ブッシュ王朝〟や〝クリントン王朝〟、〝鳩山《はとやま》一族〟などのようなものができることばかりを、あまり願いすぎてはいけません。

光には陰《かげ》も必ず付いているものなのです。「陰の部分」を一般の人たちは知らないのですが、「陰の部分」も必ずあるのです。

「平凡《へいぼん》」であるからこそ、「幸福」なこともある

「平凡《へいぼん》であることの幸福もまたあるのだ。平凡であるからこそ、『ささやかなこと』にも幸福を感じることがあるのだ」ということを知らなくてはいけません。

親が偉くない場合もあります。課長以上になれない会社員も、日本では半分以上います。しかし、課長になれないからこそ、残業をせずに、さっさと家に帰ってきて、親子水入《みずい》らずで、すき焼きをつつく喜びもあるわけです。

ものすごく早く出世し、〝猛烈《もうれつ》サラリーマン〟をやって〝出世街道《かいどう》〟

を突《つ》っ走っているけれども、夜、なかなか帰ってこない父親や、出張ばかりしている父親もいます。「父親の顔なんか忘れてしまった」という家庭もあるわけなので、「何が幸福か」ということは、それほど簡単には分かりません。

父親も母親もキャリアでトップを目指していて、それぞれ勝手に動いているような家庭の子供もまた、かわいそうです。ほとんどナニー（子《こ》守《もり》）に子供を預かってもらっているだけでは、親のようにはなりません。そういうケースもあります。

ただ、本人（子供）が悟《さと》れば、違う場合もあります。

「人口増のために子供を産まねば」と考えすぎないほうがよい

そういう意味で、家庭に関しては〝複雑系〟なので、「シングル（独身）で行ったほうがよいのか。結婚して家庭に入ったほうがよいのか」ということを考える際、「日本の人口を一名か二名増やすためだけの〝仕事〟を、それほど抑圧《よくあつ》に捉《とら》える必要はない」と思います。

人口を増やしたければ、たくさん産める人に産んでいただいてもよいし、日本に来たい人は大勢いるので、政策を変えれば人口を増やすことは可能です。それにあまりオブリゲーション（義務）を感じる必要はないと思います。

仕事のほうに生きがいを感じるようなら、仕事をやっていけばよいし、両立できる範囲《はんい》内では仕事と家庭を両立させてもよいし、「自分は、縁《えん》の下の力持ちでもよいので、仕事よりも、家庭のなかで、ほかの人を支えるほうが幸福だ」と感じる人だったら、そちらに行ってもよいかもしれません。

大きな目で「自分の運が試《ため》されている」と考える

私の母は、「女に生まれて損をした」と、私の子供時代にずいぶん言っていました。「自分は、竹を割ったような性格で、事業家に向いていたので、男だったら、バリバリやれたのに、女に生まれたため損をした」というような話を、ずいぶん聞かされたのです。

母は、おそらく、父との比較《ひかく》で、「夫よりも自分のほうが、採算感覚や事業感覚においては優れている」という自負《じふ》をおそらく持っていたのではないかと思います。「女に生まれたために、朝・昼・晩、食事をつくらされ、家事一切《いっさい》をやらされて、出世もできない、こんな人生になった」というようなことを言っていました。

しかし、それは息子の出来《でき》にもよるのです。息子の出来が悪ければ、それで終わりですが、時間がたち、息子が平均以上の成功を収めたり、ほかの人から尊敬されるようになったりすれば、多少、そういうものは収まってくることもありましょう。

そういう、親の愚痴《ぐち》を聞き、それを単に悪く取って反発する場合もあるでしょうが、そうではなく、「なるほど。もっともである。まことに申し訳ないことだ。親は、子供が学校で食べる弁当をつくったり、学資をつくるために働いたりしている。親は全然偉くならないで、こちらばかり好きなことをさせてもらって、まことに申し訳ないことだ」と息子のほうが思えば、その分、「努力して何か世の中のプラスになることをしよう」と志すこともあるので、愚痴がプラスになる場合もあります。

「それをどのように受け取るか」は人それぞれの問題なので、そのへんについては、大きな目で見て、「自分の運が試《ため》されている」と考えざるをえないのです。

自分にとって、そのときそのときのベストの判断をしていったらよいでしょうし、運命の流れができたときには、いちおう、「もう、これに乗ってみるしかない」という考えもあるのではないかと思います。

人生に勝つポイント

□ 高学歴の母親は、子供に期待をかけすぎて、子供が早く燃え尽《つ》きてしまうことがある。

□ 人には「伸《の》びるべきとき」がある。小中学校時代にピークが来ると、そのあと下がっていく傾向がある。

□ 成人してからあとは「親の力」ではなく「個人の力」によるので、親は子供が大人になってから困らないようにしてあげることが大事。

□ 一流どころの男性は、「自分がお仕《つか》えしなくてはならない女性」とは結婚したがらないことが多い。

□ 女性が「仕事」と「家庭」を両立させたいならば、そこそこのところで満足したり、譲《ゆず》ったりしなければならない。

□親と子は「魂《たましい》」が別なので、あまりに期待をかけすぎるのは問題。親のせいや他人のせいにする子供とは、ほどほどに付き合うほうがよい。

□「平凡《へいぼん》であることの幸福もあるのだ」と知らなくてはいけない。

□そのときそのときの自分のベストの判断をし、運命の流れができたときには、それに乗ってみることが大事。

「女性にとっての人生の勝利・成功」についての参考書籍
『女性らしさの成功社会学』『夫を出世させる「あげまん妻」の10の法則』
(共に幸福の科学出版刊)

あとがき

人間の成功のためには、学校の成績よりも大切なものがたくさんある。それは、誠実さであったり、熱意であったり、正義感であったり、挫折《ざせつ》から立ち上がってくる力であったり、常に新しいものに関心を持ち続けていくことであったりする。

私も若い頃には、努力しても他人《ひと》に愛されない性格だと思い悩んだことが多かった。今では他人《ひと》の悩みに答えるのが私の仕事である。六十年近い歳月《さいげつ》を生きてきて、人生とはつくづく「フェア」に設計されており、人々の幸福のために尽くした人は、必ずいつの日か世間から認められるようになると信じることができるようになった。

苦難は努力という代償《だいしょう》を払うことで、幸福へとその姿を変じてくるのだ。

人生に勝つための方程式とは、考え方の習慣、行動の習慣に潜《ひそ》んでいるものだ。平凡は非凡に変じ、悲しみが喜びに転換する瞬間を、あなたにも味わってもらいたいと思う。

二〇一五年　四月十四日

幸福《こうふく》の科学《かがく》グループ創始者兼総裁《そうししゃけんそうさい》　大川隆法《おおかわりゅうほう》

『人生に勝つための方程式』　大川隆法著作関連書籍

『常勝の法』（幸福の科学出版刊）
『忍耐の法』（同右）
『智慧の法』（同右）
『常勝思考』（同右）
『ダイナマイト思考』（同右）
『リーダーに贈る「必勝の戦略」』（同右）
『ストロング・マインド』（同右）

人生《じんせい》に勝《か》つための方程式《ほうていしき》
――逆境や苦難をプラスに転じる秘訣――

2015年4月23日　初版第1刷

著　者　　大《おお》川《かわ》隆《りゅう》法《ほう》

発行所　　幸福の科学出版株式会社
〒107-0052 東京都港区赤坂2丁目10番14号
TEL(03)5573-7700
http://www.irhpress.co.jp/

印刷・製本　株式会社 堀内印刷所

落丁・乱丁本はおとりかえいたします

ISBN978-4-86395-670-4 C0030

大川隆法 ベストセラーズ・人生に勝利する

忍耐の法

「常識」を逆転させるために

人生のあらゆる苦難を乗り越え、夢や志を実現させる方法が、この一冊に──。混迷の現代を生きるすべての人に贈る「法シリーズ」第20作！

2,000円

常勝思考

人生に敗北などないのだ。

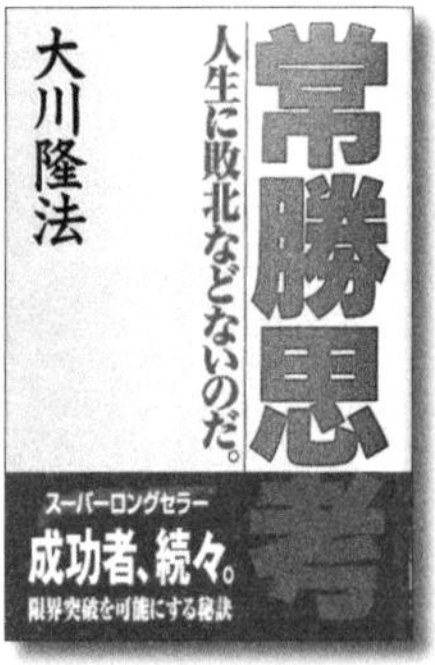

あらゆる困難を成長の糧とする常勝思考の持ち主にとって、人生はまさにチャンスの連続である。人生に勝利せんとする人の必読書。

1,456円

常勝の法

人生の勝負に勝つ成功法則

人生全般にわたる成功の法則や、不況をチャンスに変える方法など、あらゆる勝負の局面で勝ち続けるための兵法を明かす。

1,800円

※表示価格は本体価格（税別）です。

大川隆法ベストセラーズ・女性の幸福を考える

女性らしさの成功社会学

女性らしさを「武器」にすることは可能か

男性社会で勝ちあがるだけが、女性の幸せではない——。女性の「賢さ」とは?「あげまんの条件」とは?あなたを幸運の女神に変える一冊。

1,500円

夫を出世させる「あげまん妻」の10の法則

これから結婚したいあなたも、家庭をまもる主婦も、社会で活躍するキャリア女性も、パートナーを成功させる「繁栄の女神」になれるヒントが、この一冊に!

1,300円

父と娘のハッピー対談②

新時代の「やまとなでしこ」たちへ

大川隆法　大川咲也加　共著

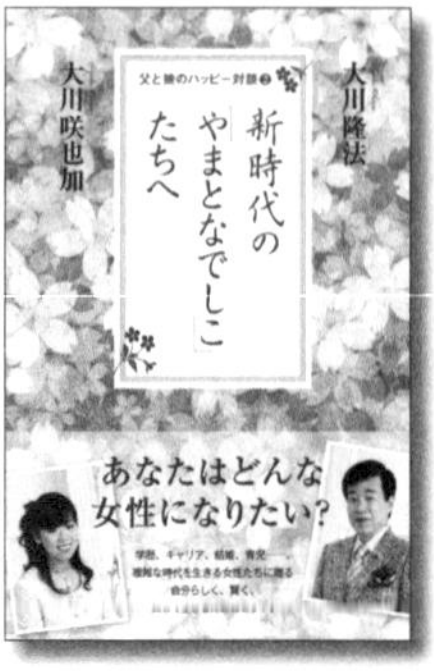

新時代の理想の女性像に思いを巡らせた父と娘の対談集・第二弾。女性らしさの大切さや、女性本来の美徳について語られる。

1,200円

※表示価格は本体価格(税別)です。

大川隆法シリーズ・最新刊

映画監督の成功術
大友啓史監督の
クリエイティブの秘密に迫る

クリエイティブな人は「大胆」で「細心」？　映画「るろうに剣心」「プラチナデータ」など、ヒット作を次々生み出す気鋭の監督がその成功法則を語る。

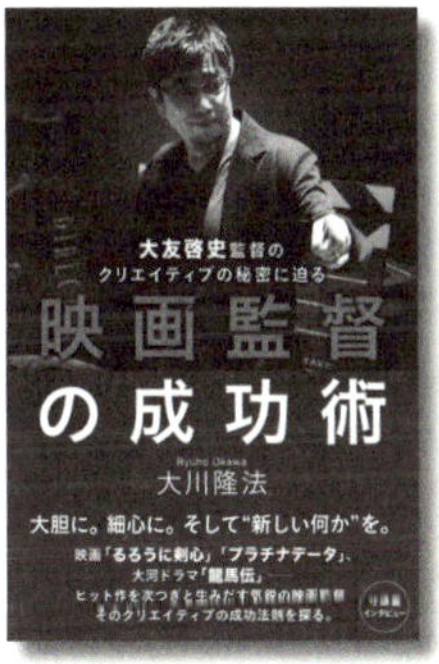

1,400円

沖縄戦の司令官・
牛島満中将の霊言
戦後七十年 壮絶なる戦いの真実

沖縄は決して見捨てられたのではない。沖縄防衛に命を捧げた牛島中将の「無念」と「信念」のメッセージ。沖縄戦の意義が明かされた歴史的一書。

1,400円

沖縄の論理は正しいのか？
── 翁長《おなが》知事への
スピリチュアル・インタビュー ──

基地移設問題の渦中にある、翁長知事の本心が明らかに。その驚愕の「沖縄観」とは!?「地方自治」を問い直し、日本の未来を指し示す一書。

1,400円

大川隆法 製作総指揮
長編アニメーション映画
UFO学園の秘密
The Laws of The Universe Part 0
信じるから、届くんだ。
STORY
ナスカ学園のクラスメイト５人組は、文化祭で発表する研究テーマに取り組んでいた。そんなある日、奇妙な事件に巻き込まれる。その事件の裏には「宇宙人」が関係しており、そこに隠された「秘密」も次第に明らかになって……。超最先端のリアル宇宙人情報満載！ 人類未確認エンターテイメント、ついに解禁！
監督／今掛勇　脚本／「UFO学園の秘密」シナリオプロジェクト
音楽／水澤有一　アニメーション制作／HS PICTURES STUDIO
10月10日、全国一斉ロードショー！
Hi!!!
UFO後進国日本の目を覚まそう！
UFO学園 検索

幸福の科学グループのご案内

宗教、教育、政治、出版などの活動を通じて、地球的ユートピアの実現を目指しています。

宗教法人　幸福の科学

一九八六年に立宗。一九九一年に宗教法人格を取得。信仰の対象は、地球系霊団の最高大霊、主エル・カンターレ。世界百カ国以上の国々に信者を持ち、全人類救済という尊い使命のもと、信者は、「愛」と「悟り」と「ユートピア建設」の教えの実践、伝道に励んでいます。

（二〇一五年四月現在）

愛

幸福の科学の「愛」とは、与える愛です。これは、仏教の慈悲《じひ》や布施《ふせ》の精神と同じことです。信者は、仏法真理をお伝えすることを通して、多くの方に幸福な人生を送っていただくための活動に励んでいます。

悟り

「悟り」とは、自らが仏の子であることを知るということです。教学《きょうがく》や精神統一によって心を磨き、智慧《ちえ》を得て悩みを解決すると共に、天使・菩薩《ぼさつ》の境地を目指し、より多くの人を救える力を身につけていきます。

ユートピア建設

私たち人間は、地上に理想世界を建設するという尊い使命を持って生まれてきています。社会の悪を押しとどめ、善を推し進めるために、信者はさまざまな活動に積極的に参加しています。

国内外の世界で貧困や災害、心の病で苦しんでいる人々に対しては、現地メンバーや支援団体と連携して、物心両面にわたり、あらゆる手段で手を差し伸べています。

年間約３万人の自殺者を減らすため、全国各地で街頭キャンペーンを展開しています。

公式サイト　**www.withyou-hs.net**

ヘレン・ケラーを理想として活動する、ハンディキャップを持つ方とボランティアの会です。視聴覚障害者、肢体不自由な方々に仏法真理を学んでいただくための、さまざまなサポートをしています。

公式サイト　**www.helen-hs.net**

INFORMATION

お近くの精舎・支部・拠点など、お問い合わせは、こちらまで！

幸福の科学サービスセンター

TEL. **03-5793-1727**（受付時間 火～金：10～20時／土・日・祝日：10～18時）

宗教法人 幸福の科学 公式サイト **happy-science.jp**

学部のご案内

人間幸福学部

人間学を学び、新時代を切り拓くリーダーとなる

人間の本質と真実の幸福について深く探究し、
高い語学力や国際教養を身につけ、人類の幸福に貢献する
新時代のリーダーを目指します。

経営成功学部

企業や国家の繁栄を実現し、未来を創造する人材となる

企業と社会を繁栄に導くビジネスリーダー・真理経営者や、
国家と世界の発展に貢献し
未来を創造する人材を輩出します。

未来産業学部

新文明の源流を創造するチャレンジャーとなる

未来産業の基礎となる理系科目を幅広く修得し、
新たな産業を起こす創造力と企業家精神を磨き、
未来文明の源流を開拓します。

校舎棟の正面

学生寮

体育館

住所 〒299-4325 千葉県長生郡長生村一松丙 4427-1
TEL.0475-32-7770

教育

学校法人 幸福の科学学園

学校法人 幸福の科学学園は、幸福の科学の教育理念のもとにつくられた教育機関です。人間にとって最も大切な宗教教育の導入を通じて精神性を高めながら、ユートピア建設に貢献する人材輩出を目指しています。

幸福の科学学園

中学校・高等学校（那須本校）
2010年4月開校・栃木県那須郡（男女共学・全寮制）
TEL **0287-75-7777**
公式サイト **happy-science.ac.jp**

関西中学校・高等学校（関西校）
2013年4月開校・滋賀県大津市（男女共学・寮及び通学）
TEL **077-573-7774**
公式サイト **kansai.happy-science.ac.jp**

ハッピー・サイエンス・ユニバーシティ（HSU）
TEL **0475-32-7770**

仏法真理塾「サクセスNo.1」 TEL **03-5750-0747**（東京本校）
小・中・高校生が、信仰教育を基礎にしながら、「勉強も『心の修行』」と考えて学んでいます。

不登校児支援スクール「ネバー・マインド」 TEL **03-5750-1741**
心の面からのアプローチを重視して、不登校の子供たちを支援しています。
また、障害児支援の**「ユー・アー・エンゼル!」運動**も行っています。

エンゼルプランV TEL **03-5750-0757**
幼少時からの心の教育を大切にして、信仰をベースにした幼児教育を行っています。

シニア・プラン21 TEL **03-6384-0778**
希望に満ちた生涯現役人生のために、年齢を問わず、多くの方が学んでいます。

NPO 活動支援

いじめから子供を守ろうネットワーク

学校からのいじめ追放を目指し、さまざまな社会提言をしています。また、各地でのシンポジウムや学校への啓発ポスター掲示等に取り組む一般財団法人「いじめから子供を守ろうネットワーク」を支援しています。

ブログ **blog.mamoro.org**
公式サイト **mamoro.org**
相談窓口 **TEL.03-5719-2170**

政治

幸福実現党

内《ない》憂《ゆう》外《がい》患《かん》の国難に立ち向かうべく、二〇〇九年五月に幸福実現党を立党しました。創立者である大川隆法党総裁の精神的指導のもと、宗教だけでは解決できない問題に取り組み、幸福を具体化するための力になっています。

党員の機関紙
「幸福実現NEWS」

TEL 03-6441-0754
公式サイト hr-party.jp

出版メディア事業

幸福の科学出版

大川隆法総裁の仏法真理の書を中心に、ビジネス、自己啓発、小説など、さまざまなジャンルの書籍・雑誌を出版しています。他にも、映画事業、文学・学術発展のための振興事業、テレビ・ラジオ番組の提供など、幸福の科学文化を広げる事業を行っています。

アー・ユー・ハッピー？
are-you-happy.com

ザ・リバティ
the-liberty.com

幸福の科学出版
TEL 03-5573-7700
公式サイト irhpress.co.jp

THE FACT
ザ・ファクト
マスコミが報道しない「事実」を世界に伝えるネット・オピニオン番組

Youtubeにて随時好評配信中！

ザ・ファクト 検索

入会のご案内

あなたも、幸福の科学に集い、
ほんとうの幸福を
見つけてみませんか？

幸福の科学では、大川隆法総裁が説く仏法真理をもとに、
「どうすれば幸福になれるのか、また、
他の人を幸福にできるのか」を学び、実践しています。

入会

大川隆法総裁の教えを信じ、学ぼうとする方なら、どなたでも入会できます。入会された方には、『入会版「正心法語」』が授与されます。（入会の奉納は1,000円目安です）

ネットでも**入会**
できます。詳しくは、
下記URLへ。
happy-science.jp/joinus

三帰《さんき》誓願《せいがん》

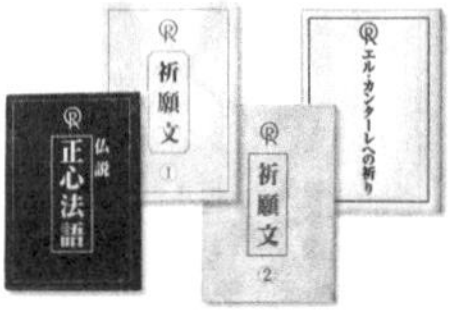

仏弟子としてさらに信仰を深めたい方は、仏・法・僧の三宝への帰依を誓う「三帰誓願式」を受けることができます。三帰誓願者には、『仏説・正心法語』『祈願文①』『祈願文②』『エル・カンターレへの祈り』が授与されます。

植福《しょくふく》の会

植福は、ユートピア建設のために、自分の富を差し出す尊い布施の行為です。布施の機会として、毎月1口1,000円からお申込みいただける、「植福の会」がございます。

「植福の会」に参加された方のうちご希望の方には、幸福の科学の小冊子（毎月1回）をお送りいたします。詳しくは、下記の電話番号までお問い合わせください。

月刊
「幸福の科学」

ザ・伝道

ヤング・ブッダ

ヘルメス・
エンゼルズ

INFORMATION	**幸福の科学サービスセンター** **TEL. 03-5793-1727**（受付時間 火～金：10～20時／土・日・祝日：10～18時） 宗教法人 幸福の科学 公式サイト **happy-science.jp**

BOOKS